Würzburg

von Erika Kerestely

Blick über die Alte Mainbrücke zur Festung Marienberg

BARBAROSSA

INHALT

Das Würzburger Mainufer lädt zum Verweilen ein

STADTGESCHICHTE IN DATEN

um 1000 v. Chr.
Wehranlage und Kultstätte der Kelten auf dem heutigen Marienberg

ab 6. Jh.
Sitz der fränkisch-thüringischen Herzöge

um 689
Martyrium der irischen Apostelmönche Kilian, Kolonat und Totnan

704
erste urkundliche Erwähnung der Stadt als Castellum Virteburch

742
Gründung des Bistums Würzburg durch den »Apostel der Deutschen«, den hl. Bonifatius

779
erste Erwähnung des Weinanbaus in der Stadt

787/88
erster Dombau

um 900
linksmainische Stadtbefestigung

1168
Verleihung der Herzogswürde an die Würzburger Bischöfe durch Kaiser Friedrich Barbarossa

um 1230
Tod des Minnesängers Walther von der Vogelweide

1256
erste Erwähnung eines Stadtrats

1316
Einrichtung des Grafeneckarts zum Rathaus

1319
Stiftung des Bürgerspitals

1349
Pogrom der jüdischen Gemeinde

1400
Niederlage der Bürgerschaft bei Bergtheim gegen bischöfliche Truppen

1402
erste Universitätsgründung

1483
Tilman Riemenschneider in Würzburg (gestorben 1531)

1518
Empfang Martin Luthers durch den Bischof

1525
Bauernkrieg

1576
Gründung des Juliusspitals

1582
neue Gründung der Universität

1631
schwedische Belagerung unter König Gustav Adolf

1649
neue Befestigung der Stadt und der Burg

1659
Antonio Petrini in Würzburg

1711
Balthasar Neumann in Würzburg (gest. 1753)

1720
Grundsteinlegung der Residenz

1751
Giovanni B. Tiepolo in Würzburg

1796
französischer Überfall

1803
Reichsdeputationshauptschluss, Säkularisation – Franken fällt an Bayern

1804
Theatergründung

1814
Franken endgültig bayerisch

1833
Richard Wagner Chordirektor in Würzburg

1871
Abtragen der Stadtbefestigung

1895
Entdeckung der Röntgenstrahlen

1913
erstes Kino

1922
erstes Mozartfest

16. März 1945
Zerstörung der Stadt durch Bombenangriff

1981
Residenz wird Weltkulturerbe

2004
Stadtjubiläum: 1300 Jahre Würzburg

Gesamtansicht Würzburg, kolorierter Holzschnitt von Martin Seger, 1548; zu sehen im Fränkischen Luitpold-Museum

Modell der 1945 zerstörten Stadt, zu sehen im Fürstenbaumuseum auf der Festung Marienberg

»Würzburg am Main, die Stadt des Weines und der Fische, der Kirchen, gotisch und barock, wo jedes zweite Haus ein unersetzliches Kunstdenkmal war, wurde nach dreizehnhundertjährigem Bestehen in fünfundzwanzig Minuten durch Brandbomben zerstört.« – schreibt der Würzburger Schriftsteller LEONHARD FRANK (1882 – 1961) in seinem Roman »Die Jünger Jesu«.

60 Jahre sind seitdem vergangen, Jahre in denen die Stadt ein neues Gesicht bekommen hat, ohne das alte Antlitz verloren zu haben: Moderne Bauten stehen neben Fachwerkhäusern, der alte Markt existiert weiter, jedoch unter neuem »Schutzmantel«, und alte Gebäude räumten den Platz für neue. Die Stadt bleibt nicht in der Vergangenheit stehen, sie lebt und verändert sich. Aber in ihrem Wesen bleibt sie immer gleich: einladend, freundlich und offen. Jedes Eckchen ruft Geschichten in Erinnerung, will seine Vergangenheit erzählen, ohne sich ganz zu enthüllen. Und das fängt schon bei dem Namen *Würzburg* an. Viele Wissenschaftler haben versucht, seinen Ursprung zu ergründen, viele Legenden sind entstanden. Einige besagen, er bezeichne eine Burg und ihre mit Kräutern bedeckten Senken (lat. Herbipolensis), andere führen die »Würz« auf den wilden Hopfen zurück, der dem Bier den »würzigen« Geschmack gibt, wieder andere sehen darin eine keltische Benennung (»Höheburg des Virdius«, eines tapferen Landesherren), die im Laufe der Zeit von mehreren Völkern (Alemannen, Burgundern und Franken) immer wieder der eigenen Sprache angepasst wurde, bis sie 1376 in der Form *Würzburg* auftaucht. Eine

LEONHARD FRANK
*4. 9. 1882 Würzburg, †18. 8. 1961 München; deutscher Schriftsteller, schrieb straff komponierte, zeitkritische Romane (u.a. »Die Räuberbande«, 1914)

Fachwerkhaus im Mainviertel

Zum Gedenken an Julius Echter und das von ihm gegründete Juliusspital

schlüssige Deutung existiert bis heute nicht.

Genauso zurückhaltend verhält sich die Stadt bei der Enthüllung ihrer früheren Geschichte. Ausgrabungen im inneren Hof der Festung Marienberg weisen auf die Existenz einer keltischen Kultur hin, aufgefundene Tierknochen in der Domkrypta lassen eine vorchristliche Kultstätte an dieser Stelle vermuten. Die Christianisierung fasste 742 mit der Errichtung des Bistums durch den angelsächsischen Mönch Bonifatius Fuß, nachdem zuvor die irischen Mönche KILIAN, KOLONAT und TOTNAN das Christentum nach Würzburg brachten. Sie starben 689 den Märtyrertod und ihre Verehrung begünstigte eine rasche Entwicklung der Stadt. Das Bistum wurde reich ausgestattet, 1030 wurden dem Bischof vom Kaiser wichtige Rechte (Münz- und Fährrecht, Markthaltung, Zoll, Gerichtsbarkeit) überlassen. 1168 wurde ihm die Herzogswürde – »dux franconiae orientalis« – verliehen. Unter diesen Voraussetzungen konnten sich die weltlichen Mächte nur schwer durchsetzen. Der 1256 zum ersten Mal erwähnte Stadtrat wurde 40 Jahre später verboten. Als Zeichen eines Vertrauensbruchs zog der Bischof 1253 aus der Stadt auf die Festung, die im Laufe der Jahrhunderte zu einer Trutzburg des Kirchenfürsten umgewandelt wurde. Zwei

Niederlagen der Bürgerschaft – 1400 bei Bergtheim und 1525 im Bauernkrieg – setzten einen Schlusspunkt unter die Auseinandersetzungen.

Die Gegenreformation brachte die Jesuiten in die Stadt, die die strenge religiöse Erneuerung vorantrieben. Bischof JULIUS ECHTER von Mespelbrunn (1573–1617), ihr Befürworter, veränderte nicht nur das kirchliche und geistige Leben (zweite Universitätsgründung mit Schwerpunkt Theologie), sondern prägte auch das Stadtbild (u.a. Juliusspital, Alte Universität, Erweiterung der Festung). Sein Name wird gleichzeitig mit einer verheerenden Hexenjagd in Verbindung gebracht. Der Aufbruchsstimmung der Echterzeit setzten der Dreißigjährige Krieg und die schwedische Besetzung (1631 – 1635) zunächst ein Ende. Eine rege Bautätigkeit begann erst wieder unter den drei Schönborn-Bischöfen (Johann Philipp, 1642 – 1673, Johann Philipp Franz, 1719 – 1724 und Friedrich Carl, 1729 – 1746). Innerhalb von 100 Jahren wurden u.a. ein Bischofspalais erbaut (die Residenz) und die Grenzen der Kernstadt (die sog. Bischofsmütze) um die Juliuspromenade, die Theaterstraße, die Balthasar-Neumann-Promenade und die Neubaustraße erweitert. Doch die Zeit der Fürstbischöfe ging ihrem Ende entgegen.

Die Säkularisation trennte 1803 die weltliche von der geistlichen Macht. Das Fürstentum Würzburg kam nach einem kurzen bayerischen Intermezzo 1804 unter habsburgische Herrschaft, um dann 1814 endgültig Bayern einverleibt zu werden. Die Macht der Kirche wurde stark eingeschränkt, viele Reichtümer der Klöster und Stifte gingen in staatlichen Besitz über. Die nutzlos gewordene Stadtbefestigung wurde abgetragen

Julius Echter, Gemälde von 1586

i

JULIUS ECHTER VON MESPELBRUNN

* 18. 3. 1545 Mespelbrunn,
† 13. 9. 1617 Würzburg;
Fürstbischof (1573 – 1617), gründete 1576 das Juliusspital und 1582 die Universität in Würzburg

und das Glacis in eine »grüne Lunge«, den **Ringpark**, umgewandelt. Die Stadt blühte wieder auf: Neue Stadtviertel entstanden, die Einwohnerzahl verdoppelte sich zwischen 1860 und 1900, W. C. RÖNTGEN entdeckte die nach ihm benannten Strahlen und die Elektrizität beschleunigte das Leben.

WILHELM CONRAD RÖNTGEN
*27. 3. 1845 Lennep, †10. 2. 1923 München; Physiker; Prof. in Würzburg; entdeckte 1895 die Röntgenstrahlen; 1901 Nobelpreis für Physik

Die Nationalsozialisten setzten neue, immer enger werdende Grenzen und das geistige Klima in der Stadt veränderte sich. 1938 verlor die jüdische Gemeinde ihre Synagogen, bis 1943 wurden die Juden der Stadt deportiert. Am 16. März 1945 überraschte ein Bombenangriff die auf ein friedliches Ende des Krieges hoffenden Bürger. Innerhalb von 25 Minuten wurde die Stadt in einen Trümmerhaufen verwandelt. Der Wiederaufbau begann jedoch bald, neue Straßenzüge wuchsen aus dem Schutt. Neues und Altes vermischte sich, Aufbruchsstimmung und Nostalgie führten zu zahlreichen Diskussionen. Das daraus entstandene Stadtbild zeigt, wie sehr Leonhard Franks Worte noch Aktualität besitzen. Der Wein, dessen Anbau schon im 8. Jh. nachgewiesen ist, gehört immer noch zum Wesen der Stadt. Steile Weinhänge umschließen die Stadt und schenken dem Genießer ein kostbares Elixier. Die Fischer prägen zwar heute nicht mehr das Stadtleben, ihre Erinnerung lebt aber in den Straßennamen, Brunnen und nicht zuletzt in der Ausstellung der Fischerzunft (Saalgasse 6) weiter. Gotik und Barock treffen auch in der Gegenwart oft aufeinander. Kirchen und Kapellen, die beide Stilrichtungen in sich vereinen, sind zahlreich, genauso wie Häuser und Denkmäler, die hinter ihren sprechenden Namen ganze Geschichten verbergen. So konnten die 1300 Jahre Geschichte seit der Ersterwähnung der Stadt im Jubiläumsjahr 2004 gebührend gefeiert werden.

Der Ringpark, die »grüne Lunge« Würzburgs

Wenn nur wenige Stunden zur Verfügung stehen:

1. Neumünster – Dom – Rathaus mit Grafeneckart – Alte Mainbrücke – Marktplatz mit Marienkapelle und Falkenhaus (ca. 1,5 Std.)

2. Dom – Neumünster – Marktplatz mit Marienkapelle und Falkenhaus – Juliusspital – Stift Haug – Bürgerspital (ca. 1,5 Std.)

3. Rathaus – Alte Mainbrücke – Festung (ca. 2,5 Std.)

4. Residenz – Alte Universität – Franziskanerkirche – Mainkai (ca. 2 Std.)

5. Neumünster – Dom – Rathaus – Alte Mainbrücke – Festung (ca. 3 Std.)

Wenn mehr als 3 Stunden zur Verfügung stehen:

Rechts des Mains:

1. Dom – Neumünster – Marktplatz mit Marienkapelle und Falkenhaus – Juliusspital – Stift Haug – Bürgerspital – Mainfranken Theater – Residenz – Kapuzinerstraße (ca. 3,5 Std.)

2. Dom – Neumünster – Marktplatz mit Marienkapelle und Falkenhaus – Juliusspital – Alter Kranen und Mainkai – Alte Mainbrücke – Rathaus – Karmelitenkirche – Franziskanerkirche – Alte Universität – Domherrenhöfe (ca. 3,5 Std.)

Helfer in der Stadt: rote Schilder, die den Weg zu Sehenswürdigkeiten weisen

Links des Mains:

1. Alte Mainbrücke – St. Burkard – Weinlehrpfad – Festung – Deutschhauskirche (ca. 3,5 Std.)

2. Alte Mainbrücke – St. Burkard – ehem. Frauenzuchthaus (heute Jugend-Gästehaus) – (von der Nikolausstraße) Käppele (ca. 3,5 Std.)

Im Hofgarten der Residenz stehen viele Bänke für eine kurze Pause zur Verfügung

RESIDENZ

Residenzplatz

Öffnungszeiten
April bis Okt. täglich
9 – 18 Uhr
Nov. bis März täglich
10 – 16 Uhr

Telefon
0931 35517-0

Stadtplan
F4

Giovanni Battista Tiepolo
* 5. 3. 1696 Venedig, † 27. 3. 1770 Madrid; Hauptmeister der spätbarocken Malerei und letzter bedeutender Vertreter der venezianischen Kunst; 1750 – 1753 in Würzburg

Diese Seite: Die Gartenseite der Residenz mit ihren italienischen, österreichischen und englischen Anlagen

Rechte Seite: Blick auf die Residenz-Anlage aus der Luft

Die fürstbischöfliche Residenz, das Wahrzeichen Würzburgs, liegt auf einem weiten Platz. In ihr spiegeln sich mehr als 200 Jahre der Geschichte der Stadt und Frankens. Erbaut zwischen 1720 und 1744, fiel die Residenz der verheerenden Bombardierung am 16. März 1945 zum Opfer. Nur das Treppenhaus mit dem freitragenden Gewölbe und dem Fresko TIEPOLOS, der Weiße Saal, der Kaiser- und der Gartensaal blieben erhalten. Dank umfangreicher Restaurierungsarbeiten konnte die Residenz 1981 von der UNESCO in die Liste des »Kultur- und Naturerbe der Welt« aufgenommen werden.

7 Säle, 312 Zimmer, 22 Kammern samt ihrer Dekoration warten auf den Besucher. Im Stil des Rokoko verzierte Stuckgewölbe, klassizistische Zimmer, atemberaubende Fresken, kunstvolle Möbel und Wirkteppiche gehören zum Inventar.

Der eingerückte »Corps de logis« lädt den Besucher ein, den Ehrenhof, den »Cour d'honneur«, zu überqueren und gleich ins **Vestibül** einzutreten. Der niedrige Saal wurde als Vorraum geplant, in den die hochrangigen Gäste mit ihren Kutschen hineinfahren konnten. Der **Gartensaal**, der sich aus dem Vestibül heraus öffnet, auch »Sala terrena« genannt, wirkt weiträumiger, obwohl

1683
Entschluss zur Verlegung der Hofhaltung in die Stadt

1701 – 1704
Errichtung des Rennweger Schlösschens durch Antonio Petrini (nie bezogen)

22. Mai 1720
Grundsteinlegung durch den Fürstbischof Johann Philipp Franz von Schönborn, Baupläne vom Architekten Balthasar Neumann

1724 – 1729
Bauarbeiten durch Bischof Christoph Franz von Hutten abgebrochen

1729 – 1746
Abschluss der Bauarbeiten unter Bischof Friedrich Carl von Schönborn

1740
Beginn der barocken Ausstattung der Innenräume

1744
Einweihung der Residenz

1747
Einweihung der Hofkirche

1755 – 1779
klassizistische Ausstattung unter Bischof Adam Friedrich von Seinsheim

ab 1806
Veränderung der Säle des Südblocks in der Zeit von Großherzog Ferdinand III. von Toskana

Balthasar Neumann-Gedenktafel in der Theaterstraße

er in seinen Maßen das Vestibül nur wenig übertrifft. Dieser Raumeindruck entsteht durch das aus dem Garten hineinströmende Licht und das Gewölbefresko, welches eine Öffnung zum Himmel vortäuscht. Die Rokokostuckaturen ANTONIO BOSSI von 1749 hellen den Raum noch mehr auf. Auf der Längsseite der Decke werden zwei mythologische Motive dargestellt: das »Göttermahl« und die »Rast Dianas« (Johann Zick, 1750). Die Scheinarchitektur der Terrassen rechts und links führt den Betrachter irre: Sie wechselt die Richtung je nach Standpunkt. Wenn man in der ersten Hälfte des Raumes steht, hängen sie in die Richtung des Gartens. Wenn man in der Mitte steht, scheinen sie gerade gerichtet.

ANTONIO BOSSI
* Porto Ceresio, † 10. 2. 1764 Würzburg; Hofstuckateur in Würzburg; arbeitete v.a. als Figuren-plastiker und leitete die Ausstuckierung der Würzburger Residenz; Miterfinder des *Würzburger Rokoko*

Das **Treppenhaus** mit dem, für die Zeit der Erbauung sensationellen, riesigen freitragenden Gewölbe gilt als ein herausragendes Werk

des Baumeisters Balthasar Neumann, des venezianischen Freskenmalers Giovanni Battista Tiepolo und seines Landsmannes, des Stuckateurs Antonio Bossi. Das Fresko stellt die zu dem damaligen Zeitpunkt als Erdteile bekannten Kontinente dar: Die auf einem Krokodil sitzende Frau ist die Allegorie des Kontinents Amerika. Das Fresko fasst die Informationen und die Gerüchte zusammen, die im damaligen Europa vorherrschten: Die Einwohner, als halbnackte Männer und Frauen dargestellt, führen ein barbarisches Leben, sie jagen mit bloßen Händen nach wilden Tieren und braten das Fleisch am offenen Feuer. Am unteren Rand liegende, abgeschnittene Köpfe sollen auf die kannibalischen Essgewohnheiten dieser Völker hinweisen. Vom Sonnenlicht bestrahlt, tritt über dieser Komposition ein Geschöpf, mit einem weißen Tuch umhüllt, hervor, in Begleitung von Engeln und weiteren Figuren. Diese Darstellung des Sonnengottes Apoll dominiert die anderen Darstellungen durch ihre Helligkeit und ihre Platzierung in der Mitte des Gewölbes. Einen ähnlich wichti-

Johann Balthasar Neumann
* 27.1.1687 Eger, † 19.8.1753 Würzburg; Baumeister und Ingenieur; als fürstbischöflicher Baudirektor in Würzburg begann er 1720 mit dem Bau der Würzburger Residenz; Hauptleistungen: Hofkirche und Treppenhaus

Das berühmte Treppenhaus der Residenz

gen Platz nimmt nur noch das Bildnis des Fürstbischofs ein.

Die Personifizierung Afrikas sitzt auf einem spezifischen Tier des Erdteils, einem Dromedar. Das Fresko fasst das europäische Afrikabild zusammen: Exotische Tiere (Affe, Strauß, Dromedar) und Gestalten (dunkelhäutige, halbnackte Figuren, orientalische Kaufleute mit typischer Kopfbedeckung) werden in Szene gesetzt, Säcke, Fässer und Perlenkettenhändler symbolisieren den Handel, den Europa mit Afrika trieb.

Europa wird von Tiepolo als ein in jeder Hinsicht den anderen überlegener Kontinent dargestellt. Die Personifikation Europas sitzt nicht wie die Amerikas, Afrikas oder Asiens auf einem Tier, sondern auf einem Thron aus Stein, Zeichen architektonischer Errungenschaften. Sie ist nicht von wilden Tieren oder halbnackten Menschen umgeben, sondern von Künstlern und Wissenschaftlern, die das Heidentum längst hinter sich gelassen haben. Im Zentrum des Freskos wird in einem Medaillon das Bildnis des

Deckenfresko im Kaisersaal: Darstellung Europas

Auftraggebers, Bischof KARL PHILIPP VON GREIFFENCLAU, dargestellt. Es wird, genau wie Apoll, von Engeln emporgehoben und ragt nicht nur über Europa hinaus, sondern scheint über alle Kontinente zu herrschen. In diesem Fresko-Abschnitt soll der Künstler die Hauptfiguren des Residenzbaus und seiner Ausstattung verewigt haben: So sitzt der Baumeister Balthasar Neumann auf einer Kanone; die in einen Mantel gehüllte Figur hinter ihm soll den Stuckateur Antonio Bossi darstellen. Hinter der linken Eckkartusche soll ganz links der Wiener Maler FRANZ IGNAZ ROTH, ganz rechts der ältere Sohn Tiepolos, DOMENICO TIEPOLO, abgebildet sein. In der Mitte hat der Künstler sich selbst mit einem Pinsel am Hut festgehalten, sein Kopf ragt über die Eckkartusche hinaus, fast so, als ob er noch ein letztes Mal das eigene Werk prüfen möchte. Vor dem angefangenen Bau tritt möglicherweise, ein braunes Pferd führend, IGNAZ MICHAEL NEUMANN, ein Sohn des Baumeisters hervor, rechts von ihm, blau gekleidet, LORENZO TIEPOLO, der jüngere Sohn des Freskomalers.

Deckenfresko im Kaisersaal: Apoll führt Friedrich Barbarossa Beatrix von Burgund zu

Die vierte Allegorie der dargestellten Kontinente ist die Asiens, auf einem Elefanten sitzend. Es wird nicht nur als ein Erdteil des Grauens (wilde Tierjagd, gefesselter Mensch), sondern auch als Wiege der christlichen Religion (Golgatha mit den Kreuzen), der Schrift und der schriftlichen Kultur (der steinerne Block mit den armenischen Schriftzeichen) gezeigt. Diese letzte Darstel-

lung fügt sich thematisch nahtlos in das Gesamtfresko ein: Genau sowie Apoll über die Zeit und somit über die Vergänglichkeit aller Wesen herrscht, regiert der Fürstbischof über die Seelen und Taten dieser Figuren als geistlicher und weltlicher Herrscher.

Der nächste Saal, »**Weißer Saal**« genannt, steht farblich in großem Kontrast zum Treppenhaus einerseits und zum Kaisersaal andererseits. Der Stuckateur Antonio Bossi, der Bildhauer JOHANN WOLFGANG VAN DER AUWERA und der Hofschlosser JOHANN GEORG OEGG ließen diesen Audienzsaal entstehen.

Der **Kaisersaal** ist dem Kaiser gewidmet und als solcher mit Darstellungen aus der kaiserlichen Geschichte dekoriert. Tiepolo greift in seinem Deckenfresko auf einen Moment in der Geschichte des Heiligen Römischen Reiches zurück, der für das Fürstentum Würzburg eine besondere Bedeutung hat: An der rechten Seite des Gewölbes, umrahmt von einem goldenen Stuckvorhang, wird die Trauung Kaiser FRIEDRICH BARBAROSSAS mit BEATRIX VON BURGUND, die 1156 vom Bischof in Würzburg zelebriert wurde, dargestellt. Dem Maler war höchstwahrscheinlich das Alter der Braut nicht bekannt, denn hier ist eine erwachsene Frau abgebildet und nicht das zwölfjährige Mädchen, das Beatrix von Burgund bei ihrer Hochzeit war. Auf der gegenüberliegenden Seite wird der Moment der im Jahre 1168 stattgefundenen Belehnung aufgegriffen. Kaiser Friedrich Barbarossa

JOHANN WOLFGANG VAN DER AUWERA
* 1708 Würzburg, † 1756 Würzburg; bedeutender Bildhauer des Rokoko in Mainfranken; Leitung der Innendekoration der Residenz; Miterfinder des *Würzburger Rokoko*

verleiht den Würzburger Bischöfen für ihre Dienste die Herzogswürde. Interessant ist im Weiteren ihre Gegenüberstellung: Rechts kniet der Kaiser vor dem Bischof, links der Bischof vor dem Kaiser.

Weitere Räumlichkeiten sind die so genannten **Paradezimmer**. Die 160 Meter lange Zimmerflucht an der Gartenseite ist auf eine südliche und eine nördliche Folge aufgeteilt. Im Süden befinden sich die Zimmer für die Besuche des Kaisers, deren typisch wienerische Gestaltung in der Holzvertäfelung, in den reichen Schnitzarbeiten und der Vergoldung abzulesen ist. Eine Besonderheit ist das **Spiegelkabinett**, das bei der Bombardierung völlig zerstört wurde. Mit Hilfe weniger Scherben und zahlreicher Bilder war es möglich, es in seinem ganzen Glanz wieder herzustellen. Im Gegensatz zu anderen Spiegelkabinetten, bei denen die Wände vertäfelt und nur mit einigen Spiegeln versehen wurden, ist das Würzburger Kabinett vollkommen mit Spiegeln verkleidet. Hinterglasmalereien mit realen und märchenhaften Figuren schmücken die Spiegel. Die nördlichen Paradezimmer, die für die Kaiserin bestimmten Räume, unterscheiden sich stilistisch von den südlichen: Während die letzteren im Wiener Régencestil dekoriert wurden, sind die Räumlichkeiten der Kaiserin im »Würzburger Rokoko« ausgestattet. Die Holzvertäfelung der Wände wird durch Stuckdekorationen ersetzt, die Zimmer wirken »leichter«. Besondere Auf-

JOHANN PHILIPP FRANZ VON SCHÖNBORN
*15. 2. 1673 Würzburg, †18. 8. 1724 Bad Mergentheim, Fürstbischof von Würzburg; studierte in Würzburg, Mainz und Rom

merksamkeit verdient der Fußboden des letzten Raumes, wohl ein Labyrinth, eine kunstvolle Leistung des Hofebenisten Balthasar Hermann aus Bamberg.

Die seitlichen Blöcke dienten ursprünglich als bischöfliche Wohnräume. Im Stadtflügel des Nordblocks befand sich die erste Bischofswohnung aus der Zeit von JOHANN PHILIPP FRANZ VON SCHÖNBORN (1719 – 1724). Sie wurde allerdings 1776 – 1781 unter dem Fürstbischof ADAM FRIEDRICH VON SEINSHEIM frühklassizistisch neu gestaltet. Der Südblock wurde in der Regierungszeit FERDINAND III. VON TOSKANA umgestaltet, überstand jedoch nicht den Bombenangriff im März 1945. Heute beherbergt er das Martin-von-Wagner-Museum.

Der **Fürstensaal** im Querflügel des Nordblocks wurde erst spät, nämlich 1772, im Stil des frühen Klassizismus dekoriert und diente in der

ADAM FRIEDRICH VON SEINSHEIM
* 16. 2. 1708 Regensburg oder Sünching, † 18. 2. 1779 Würzburg; Fürstbischof von Würzburg und Bamberg

Deckenfresko im Kaisersaal: die Sonnenpferde Apollos

FERDINAND III. VON TOSKANA
* Florenz 6. 5. 1769, † 18. 6. 1824 Florenz; 1805 Kurfürst und 1806 Großherzog von Würzburg

Seinsheimzeit als Speise- und Konzertsaal. Seinen Namen verdankt er den Porträts acht Würzburger Fürstbischöfe von JOHANNES GOTTFRIED VON GUTTENBERG (1684 – 1698) bis zu ADAM FRIEDRICH VON SEINSHEIM (1755 – 1779). Die restlichen Gemächer im Nordblock gehören heute der Staatsgalerie.

Der Hofgarten der Residenz lädt zum Verweilen ein

Die **Hofkirche** gehört mit ihrer ausgefallenen Innenarchitektur zu den Besonderheiten der Residenz. Balthasar Neumann greift mit dem geschwungenen Bau (zwei Querovale überschneiden ein Längsoval) eine böhmische Gestaltungsform auf. Um die fehlende Lichtquelle an der linken Seite zu ersetzen, ließ der Architekt an dieser Stelle Spiegel einfügen, die das entgegenkommende Licht reflektieren und so als »Fenster« fungieren. Die Deckenfresken – das »Martyrium der Frankenapostel Kilian, Kolonat und Totnan« (über dem Hochaltar), »Mariä Himmelfahrt« (in der Mittelkuppel) und »Engelssturz« (über der Musikempore) – stammen vom Hofmaler JOHANN RUDOLF BYSS und seinen Schülern. Die Stuckarbeiten wurden auch hier von Antonio Bossi ausgeführt. Die Marmorskulpturen aus der bischöflichen und kaiserlichen Geschichte auf den Altären wurden in Carrara geschaffen, nach Entwürfen des Bildhauers Johann Wolfgang van der Auwera. Die

i
JOHANN RUDOLF BYSS
* 11. 5. 1660 Solothurn, † 11. 12. 1738 Würzburg; schweizer Maler; fertigte Tafelbilder und Fresken im italienischen Barock

Walther von der Vogelweide, Teil des Frankoniabrunnens auf dem Residenzplatz

Dekoration stammt von Lucas von Hildebrandt, einem Mitstreiter Neumanns. Giovanni Battista Tiepolo schuf 1752 die Bilder der zwei Seitenaltäre: »Mariä Himmelfahrt« (rechts) und »Engelssturz« (links). Die Kirche erlitt, wie fast die gesamte Residenz, bei der Bombardierung schwere Schäden. Die Wiederherstellung der einstigen Pracht konnte erst 1963 abgeschlossen werden.

Der zwischen Residenz und Stadtmauer bzw. den Bastionen »eingezwängte« **Hofgarten** wurde in der zweiten Hälfte des 18. Jh. gestaltet. Den geometrisch angelegten östlichen und süd. Gartenteilen (nach Plänen von Johann Prokop Mayer und Johann Michael Fink) steht der englische, wilde Landschaftsgarten südlich des Residenzplatzes gegenüber. Die zahlreichen Gartenplastiken wurden von Johann P. A. Wagner geschaffen, ebenso die zwei Skulpturengruppen (»Raub der Europa« und »Raub der Proserpina«).

An Stelle des von Georg Oegg geschaffenen Hofgitters ließ die Stadt 1894 auf dem Residenzplatz zu Ehren des Prinzregenten Luitpold den **Frankoniabrunnen** (von Ferdinand von Miller) errichten. Die gekrönte Allegorie der Region Franken herrscht über die Figuren dreier ehemals in der Region wirkender Künstler: Walther von der Vogelweide, Mathis Gothart Nithart (gen. Grünewald) und Tilman Riemenschneider.

i

Johann Peter Alexander Wagner
* 1730 Obertheres, † 7. 1. 1809 Würzburg; Bildhauer; schuf im Stil des Rokoko die Figuren im Treppenhaus und im Hofgarten der Residenz

DOM ST. KILIAN

Domstraße / Kiliansplatz

Öffnungszeiten
Mo – Sa
10 – 17 Uhr,
So / Feiertag
13 – 18 Uhr

Telefon
0931 321183-0

Stadtplan
D4

Im Zentrum der Stadt: der Dom St. Kilian

um 787 / 88
erster Bau (evtl. an der Stelle des Neumünsters) unter Bischof Berowelf, geweiht in Gegenwart des Frankenkönigs Karl des Großen
855
dreischiffige Kirche unter Bischof Arno (855 – 892)
10. Jh.
Westbau mit zwei Türmen und Querhaus
1040
kreuzförmige Ostanlage unter hl. Bischof Bruno (1034 – 1045)
1188
Weihe des Domes nach Neubau durch Meister Enzelin unter Bischof Gottfried von Spitzenberg (1186 – 1190)

Der dem hl. Kilian geweihte Würzburger **Dom** verrät durch seine verschiedenen Stile die Geschichte der Kirche durch die Jahrhunderte. Die Westfront mit den flankierenden Türmen wurde in der Form der Romanik wieder ausgeführt, genau wie das Langhaus, das Querhaus und der Chor. Die Osttürme und die Schönbornkapelle weichen im Stil ab, die ersteren sind gotisch, die letztere barock.

Dieses Durchschreiten der Jahrhunderte wird programmatisch im Kircheninneren erweitert. Das religiöse Programm wird am Haupteingang eingeleitet und endet im Ostchor. Die Geschichte der Menschen fängt mit der Schöpfung am **Bronzeportal** (Fritz Koenig, 1964 / 1967) der Westfassade an: Die Hand Gottes erschafft Erde, Wasser, Sterne, Vegetation, Tier und Mensch und vertreibt Adam und Eva

bis 1247
Ausbau der Ostpartie – u.a. Chorwölbung – unter Bischof Hermann von Lobdeburg (1225–54)

14. – 15. Jh.
Bau des Kreuzganges, gotische Einwölbung der Seitenschiffe unter Bischof Lorenz von Bibra (1495 – 1519)

1602 – 1609
Einwölbung des Quer- und Mittelschiffs bzw. der Vierung unter Bischof Julius Echter von Mespelbrunn (1573 – 1617)

ab 1699
barocke Stuckatur des Innenraums durch den Mailänder Pietro Magno, Bau der Schönbornkapelle u.a. durch Balthasar Neumann

1749
Errichtung der Sakristei und Ornatskammer am Querschiff durch Balthasar Neumann, neuromanische Westfront von Friedrich Friedreich

1945
Zerstörung des Domes

1967
Weihe des Altars

1987 – 1988
Ausstattung des Chorraumes

Das Bronzeportal des Doms

i
TILMAN RIEMENSCHNEIDER
* um 1460 Heiligenstadt, † 7. 7. 1531 Würzburg; Bildhauer und Bildschnitzer; schuf Bildwerke für ganz Mainfranken; Grabmal Rudolf von Scherenberg 1496 – 1499 im Dom St. Kilian

nach dem Sündenfall aus dem Paradies. Nächste Station der Heilsgeschichte – nachdem das **Rokoko-Gitter** (Markus Gattinger, 1751) durchschritten wurde – ist der siebenarmige **Menora-Leuchter** (Andreas Moritz, 1981), Sinnbild des Alten Bundes.

Das Langhaus dokumentiert im Folgenden mehr als 700 Jahre Stadt-, Kirchen- und Kunstgeschichte. Die Reihe der chronologisch aufgestellten **Bischofsgrabmäler** fängt am ersten linken Pfeiler des Mittelschiffs an: Das Grabmal wurde schon vor 1200 als Erinnerung an den im Kreuzzug gestorbenen Bischof GOTTFRIED VON SPITZENBERG begonnen. Die fast lückenlose Abfolge der Grabmäler – vergleichbar mit derjenigen im Mainzer Dom – wird im Mittelschiff durch die Grabplatte des Bischofs FERDINAND SCHLÖR (gest. 1924) abgeschlossen. Von den kunstgeschichtlich bedeutsamen seien das gotische Denkmal OTTO VON WOLFKEELS (1331 – 1345) mit der schwungvollen S-förmigen Körperhaltung und die beiden Riemenschneider-Grabmäler, für RUDOLF VON SCHERENBERG (1466 – 1495) und LORENZ VON BIBRA (1495 – 1529), erwähnt. Unter einem gotischen Maßwerk verewigt TILMAN RIEMENSCHNEIDER den mit 95 Jahren verstorbenen von Scherenberg mit Bischofsstab und Herzogsschwert, umgeben von sechs Wappen, darunter das Stammwappen mit der geöffneten Schere. Die Bibra-Grabplatte zeigt die Wendung der Gotik zur Renaissance: Unter einem von Putten belebten Baldachin wird die Figur des Bischofs in strenger Haltung

Grabmal des Bischofs Rudolf von Scherenberg

Rechte Seite: Innenansicht St. Kilian

Dem linken Querschiff des Doms schließt sich die Schönbornkapelle an

dargestellt, flankiert von sechs Wappen, links in der Mitte das Stammwappen: ein Biber mit geschupptem Schwanz. Die Reihe der Grabmäler im Mittelschiff wird nur zweimal unterbrochen: links vom 3. bis 5. Pfeiler von der **Dreikönigsgruppe** und rechts am vorletzten Pfeiler von der **Kanzel**. Der lächelnden Maria bieten die drei Könige ihre Gaben dar. Das Werk aus dem angehenden 14. Jahrhundert ist eine Rarität, aus dieser Zeit sind nur wenige bemalte Steinskulpturen bekannt. Ob die Muster ihrer Gewänder – eine Lilie beim knienden Balthasar, ein Adler bei Melchior und eine Rose beim jungen Caspar – auf die weltlichen Mächte Frankreich, Deutschland und England verweisen, ist unklar. Die Spätrenaissance-Kanzel (Michael Kern, Jobst Pfaff, 1609) kann als Sinnbild des geistlichen Weges aufgefasst werden: Bei den Aposteln und Kirchenvätern am Fuß beginnend, kann man, der Passion Christi und den Tugenden folgend (an der Treppe entlang), und unter der Ermahnung der Engel (im Schalldeckel) zum Höhepunkt des irdischen Lebens gelangen.

Im Anschluss an das »romanische« Hauptschiff öffnet sich der barocke Dom. Die Stuckatur PIETRO MAGNOS (18. Jh.) im Querschiff, dem Chor und der Apsis wurde nach 1945 wiederhergestellt, ebenso wie seine Stuckaltäre an den Stirnwänden der Querschiffe. Die Vierung verbindet Vergangenheit und Zukunft. Die Häupter der Frankenapostel

Kilian, Kolonat und Totnan ruhen in einem modernen Altar (Albert Schilling, 1967). Der hoch aufragende, dunkle Tabernakel erinnert an die Gegenwart Christi. Als Abschluss erstrahlt in der Apsis der Erlöser in der Gemeinschaft der Apostel, Heiligen und Seligen und weiterer christlicher Persönlichkeiten (Hubert Elsässer, 1988).

Dem linken Querschiff schließt sich die 1721 – 1736 von BALTHASAR NEUMANN, MAXIMILIAN VON WELSCH und LUCAS VON HILDEBRANDT geplante **Schönbornkapelle** an. Kunstvoll gestaltet mit einem runden Mittel- und zwei ovalen Seitenräumen entspricht sie farblich und thematisch einer Grabstätte: Von dunklen Tönen umgeben entfalten sich die Darstellungen der Auferstehung Christi (1734) und des Jüngsten Gerichts (1733, Johann Rudolf Byss). Die kunstvolle Gestaltung entstand unter der Mitwirkung der Residenz-Künstler CLAUDE CURÉ (Plastiken, Grabmäler), JOHANN RUDOLF BYSS (Kuppelfresko, Altarbild) und JOHANN GEORG OEGG (Gitter).

Links vom Eingang der Schönbornkapelle befindet sich die **Liborius-Wagner-Kapelle**. Der Namensgeber erlitt 1631 wegen seines Glaubens den Märtyrertod. Wandteppiche erinnern an seinen Lebensweg.

In der **Krypta** (9. – 11. Jh., Zugänge in den Querschiffen) befindet sich u.a. das Grab des hl. Bischof Bruno, geweiht 1045. Aus dem Mittelalter stammen die Freskenreste mit der Christusdarstellung (11. Jh.) sowie das rote Steinkreuz mit dem bärtigen Männerkopf (9. Jh.).

Das rechte Querschiff führt zur spätgotischen **Sepultur** (15. Jh.), den abstrakten Glasfensterbemalungen von GEORG MEISTERMANN und in den **Kreuzgang** (14. – 15. Jh.). Auch hier gibt es eine Reihe von Grabmälern: Neben Geistlichen wurden hier Laien bestattet. Die Schlusssteine der

MAXIMILIAN VON WELSCH
*1671 Kronach, †15. 10. 1745 Mainz; Baumeister und Ingenieur; leitete die Bauvorhaben des Hauses Schönborn (Pommersfelden, Würzburg u.a.)

Skelett über dem Eingang der Schönbornkapelle

GEORG MEISTERMANN
*16. 6. 1911 Solingen, †12. 6. 1990 Köln; Maler und Glasgestalter; nach 1945 meditative und symbolhafte Abstraktion mit ausgeprägter geometrischer Ordnung

Das »Museum am Dom« am Kiliansplatz

Rippengewölbe verraten die Entstehungszeit der Bauteile. Die gotischen Arkaden mit Maßwerk gewähren einen schönen Blick auf den Hof mit barockem Ziehbrunnen.

Ein weiterer Schatz des Domes ist das bronzene Becken in der **Taufkapelle**, links vom Haupteingang. 1279 von MEISTER ECKHARD aus Worms gegossen, zeigt es auf acht Feldern die Geschichte Christi: Verkündigung, Geburt, Taufe, Kreuzigung, Auferstehung, Himmelfahrt, Pfingsten und Letztes Gericht. Wichtige Elemente im Dom sind die Orgel (1968) mit 6652 Pfeifen, die größte 9,6 Meter, die kleinste vier Millimeter, sowie die zwölf Glocken, elf davon 1965 gegossen, die älteste, die Lobdeburg-Glocke, von 1257.

Die Vielfalt der Stile und der Gestaltungsprinzipien im Dom umfasst Jahrhunderte. Ohne die Spuren des Zweiten Weltkrieges völlig zu verbergen, wurde der Dom wieder aufgebaut: Zahlreiche Elemente im Mittelschiff, Altarraum, Chor und in der Sepultur wurden modern ausgeführt, vielleicht auch, um an diesen Umbruch zu erinnern.

In den Räumen des Domherrenhofs Marmelstein – erbaut von BALTHASAR NEUMANN – öffnete im März 2000 das **Domschatz-Museum** seine Pforten der Öffentlichkeit. In der Ausstellung werden Grabfunde, liturgische Gegenstände und Messgewänder vorgestellt und religiöse Bräuche erklärt.

Das Anfang März 2003 zwischen Neumünster und Dom eröffnete **Museum am Dom** stellt alte und neue, christliche und säkulare Kunstwerke nebeneinander, die u.a. um die Themen Leid und Liebe, Hoffnung und Verzweifelung, Freude und Trauer kreisen. Große Namen wie Tilman Riemenschneider, Jacob van der Auvera, Otto Dix, Andy Warhol und Keith Haring warten auf den Besucher.

Kürschnerhof

Telefon
0931 321183-0

Stadtplan
D4

Das um 1060 gegründete Kollegiatstift Neumünster

752
Holzkapelle an der Grabstelle der irischen Mönche Kilian, Kolonat und Totnan
788
Weihe des Salvatordomes (evtl. des heutigen Domes)
990 – 995
Oratorium »zum Grabe Kilians«
1058 – 1063
Gründung des Kollegiatstifts »Neumünster« zu Ehren Marias durch Bischof Adalbero (1045 – 1063)
1223 – 1247
Pfeilerbasilika mit Ost- und Westquerhaus und Nordturm

Blick zum Altar im Neumünster

1614
Einwölbung der Kirche
1711 – 1716
Ausbau der Westpartie durch Joseph Greising (1664 – 1721): neue Kiliansgruft, Kuppel, Westfassade
1725 – 1758
Stuckatur, Ausmalung des Ostchors, des Langhauses und der Rotunde durch die Brüder Dominikus und Johann Baptist Zimmermann, Ausmalung der Kuppel durch Nicolaus Stuber (1736)
1945 – 1950
Wiederherstellung nach dem Bombenangriff
1983 – 1985
Restaurierung der Fassade

Das über den Reliquien der Frankenapostel errichtete Neumünster steht am Kiliansiag (8. Juli) im Zentrum der Aufmerksamkeit: Seit dem 15. Jh. pilgern jährlich zahlreiche Christen zum Kiliansgrab.

Romanik und Barock, Mittelalter und Neuzeit treffen im Neumünster aufeinander. Die geschwungene Fassade und die mächtige Kuppel des Barock stehen dem romanischen Langhaus und dem Ostbau gegenüber. Die Statuen Jacob van der Auveras an der konkaven Westfront erinnern an die Stiftspatrone des Kollegiatstifts: unten Johannes der Evangelist (links) und Johannes der Täufer (rechts), im Mittelsegment die Jungfrau Maria, am Obergeschoss Christus flankiert vom hl. Kilian (links) und dem ersten Bischof der Stadt, dem hl. Burkard (rechts), weiter links Kolonat mit dem Kelch und rechts Totnan mit dem Evangeliar. Diesen vier Ortsheiligen ist auch die Innenausstattung gewidmet. In der **Kiliansgruft** befindet sich beim Kiliansaltar der eigentliche, »geistliche« Mittelpunkt der

Kirche. Die Apostelreliquien wurden aus dem frühgotischen Kastenaltar (um 1250) mit Rundöffnungen, die das Hineinstecken des Kopfes ermöglichten, in einen modernen Bronzeschrein (Heinrich Gerhard Bücker, 1986 / 1987) übertragen. Das **Steingrab** der irischen Mönche und der **Kiliansbrunnen**, dessen augenheilende Wirkung weit bekannt war, sind weitere Stationen der Kiliansverehrung. In der barocken **Rotunde** befinden sich zwei weitere Statuen aus dem Programm der Fassade: der Gekreuzigte (14. Jh.) und die Riemenschneider-Madonna mit dem Jesuskind (1493). Die legendenumwobene **Christus-Darstellung** mit den vor der Brust übereinandergelegten Händen geht auf die Umarmungsvisionen des hl. BERNHARD VON CLAIRVAUX (1090 – 1153) und des hl. THOMAS VON AQUIN (1225 – 74) sowie auf das Evangelium zurück. Die beiden Figuren leiten zum romanischen Langhaus über (Pfeilerbasilika mit Tonnengewölbe und Rundbögen), das vom erhöhten Chor abgeschlossen wird. Hinter dem Altar im Langhaus befinden sich die Kopien (Heinz Schiestl, 1910) der in der Kiliansprozession jahrhundertelang verehrten Apostelbüsten Riemenschneiders (1508 – 1510). Der zur Seite »gebundene« Stuckvorhang am Vierungsbogen soll, wie im Tempel in Jerusalem, den heiligen Raum vom Allerheiligsten (hier Tabernakel, Georg Winterstein, 1780) trennen. Unter der Vierung befindet sich die Ostkrypta, die lediglich den Betenden zugänglich ist.

Im **Lusamgärtchen**, im Hof des ehemaligen Kreuzgangs, treffen wir wieder auf die Romanik. Die Arkadenreihe trägt die zwei ältesten Reliefs Würzburgs (um 1150), die des segnenden Christus und des hl. Kilian. Unter den Linden fand laut Legende der Minnesänger WALTHER VON DER VOGELWEIDE (gest. 1230) seine letzte Ruhe. Die vier Vertiefungen auf dem Gedenkstein (Fried Heuler, 1930) sollen, dem letzten Willen des Dichters entsprechend, den Vögeln Wasser und Futter spenden.

i
WALTHER VON DER VOGELWEIDE
*um 1170, † um 1230; bedeutendster mittelhochdeutscher Lyriker; nach glaubhafter Überlieferung im Kreuzgang (heute: Lusamgärtchen) des Neumünsters begraben

Das Lusamgärtchen mit dem Grabmal von Walther von der Vogelweide

Seite 36 / 37: Boote auf dem Main unterhalb der Festung Marienberg

8588

FESTUNG MARIENBERG

Öffnungszeiten
16. März bis Oktober
Di – So
9 – 18 Uhr

Telefon
0931 355175-0

Stadtplan
A5

Hoch über der Stadt: die Festung Marienberg

um 1000 v. Chr. Wehranlage und Kultstätte der Kelten auf dem Berg
um 500 v. Chr. keltischer Fürstensitz
ab 6. Jh. Sitz der fränkisch-thüringischen Herzöge
704 erste urkundliche Erwähnung einer Burg
706 Kapelle zu Ehren der Gottesmutter Maria
um 1000 Rundkirche auf dem Berg
um 1200 landesfürstliche Burg unter Bischof Konrad von Querfurt: Bergfried, Palas auf der Nordseite, Vorgänger des Kiliansturmes

Auf dem Boden der über dem linken Mainufer aufragenden Festung Marienberg fand über 3000 Jahre Stadtgeschichte statt: Kelten, Thüringer, Franken und Schweden, Fürsten, Bischöfe, Bürger und Könige hinterließen ihre Spuren.

Aus zwei Richtungen kann man sich den fürstbischöflichen Bauten nähern: aus dem Norden durch das **Neutor** (um 1652) oder aus dem Westen durch das **Äußere und Innere Höchbergertor**. Auf dem Weg vom Neutor zum **Schönborntor** wurde eine Zobelssäule (zwei weitere in der Stadt) aufgestellt als Erinnerung an Bischof Zobel, der hier seinen Wunden erlag, nachdem er bei der Alten Mainbrücke angeschossen wurde. Die von den Toren kommenden Wege treffen sich vor dem Schönborntor (1649); das Wappen mit dem Löwen weist auf den Bauherrn Johann Philipp von Schönborn hin. Der Weg führt im Bogen durch das Tor, um einen direkten Beschuss des Vorhofes zu verhindern. Ein eingebautes Fallgatter konnte die Eindringlinge noch stoppen,

1225 – 1254
Palas auf der Ostseite (Reste als ältester Teil im Fürstenbau) unter Bischof Hermann von Lobdeburg
ab 1308
Vorgänger des Sonnenturmes als Sühne für einen missglückten Aufstand
1333 – 1345
Ringmauer mit Rundtürmen unter Otto von Wolfskeel
1466 – 1495
Neubau auf der Südseite, Errichtung eines Zeughauses auf der Westseite, Umbau des früheren Eingangstores unter Rudolf von Scherenberg
1495 – 1519
Umbau des Ostflügels mit Wendeltreppe zum Fürstenpalas unter Lorenz von Bibra
1572
Brand in den bischöflichen Wohnräumen
1573 – 1619
Renaissanceschloss unter Julius Echter von Mespelbrunn: Neuerrichtung des Nordflügels, Umbau der Kapelle, Winterwohnung und Bibliothek im Südflügel, Marienturm, Brunnenhaus,

Umbau des Vorhofes im Westen (die Echtersche Vorburg)
1631
Eroberung durch die Schweden unter König Gustav Adolf II.; Ausbau der Befestigung
1642 – 1673
Neutor, Inneres- und Äußeres Höchbergertor, Bastionärbefestigung unter Johann Philipp von Schönborn
1683
Entschluss der Verlegung der fürstbischöflichen Residenz in die Stadt (s. Residenz)
1699 – 1719
Zeughaus und Kommandantenbau vor der Echterbastei, Lustgarten, Barockisierung der Marienkirche und der bischöflichen Wohnräume unter Johann Philipp von Greiffenclau
1724 – 1728
Maschikuliturm (runder Kanonenturm) von Balthasar Neumann

wenn das erste Tor schon durchbrochen war.

Durch das Schönborntor gelangt man zum **Greiffenclauhof**, dessen Gebäude, Zeughaus und Kommandantenbau, militärischen Zwecken dienten. Heute befindet sich hier das Mainfränkische Museum. Die L-förmige Anlage wird durch die **Echter-Bastei** ergänzt (1606). Die Mitte des Tores wird von der Figur des Erzengels Michael als Bekämpfer des Teufels eingenommen, der in der Zeit der Gegenreformation als »Bekämpfer der Mächte der Finsternis« verehrt wurde.

Der folgende **Echtersche Hof** diente sowohl militärischen, als auch wirtschaftlichen Zwecken (Kaserne und Stallungen). Die Mitte des Hofes wird von der tiefgelegten Pferdeschwemme mit Brunnen eingenommen,

Durch das Scherenbergtor führt der Weg in den Kernteil der Festung

deren niedrige Stufen ihre »Berufung« unterstreichen. Durch das **Scherenbergtor** führt der Weg in den Kernteil der Festung. Über der Toröffnung wurden die drei Figuren der Frankenapostel Kilian (in der Mitte), Kolonat und Totnan aufgestellt, oberhalb der Frankenapostel die Patronin und Namensgeberin des Berges, Maria mit dem Jesuskind. Links hinter dem Tor ragt der viereckige **Kiliansturm** mit der vergoldeten Kiliansfigur empor.

Beim Durchschreiten des Tores öffnet sich der rechteckige **Schlosshof**, der von drei Bauten dominiert wird. Der über 40 Meter hohe romanische **Bergfried** (um 1200) diente als letzte Zuflucht und als Gefängnis. Die Gefangenen wurden aus dem oberen Raum durch eine enge Öffnung in den Schacht hinabgelassen.

Die **Bergkirche** ist der älteste Teil der Anlage. Schon 706 wurde über die Errichtung einer Kapelle zu Ehren Marias berichtet. Die Entstehung der heutigen Rundkirche ist jedoch auf das Jahr 1000 zu datieren. Ihre runde Form verbindet sie mit der frühen Tradition der Zentralbauten der Romanik. Der Eingang wird von sieben Statuen umschlossen: Unten links steht Petrus mit dem Schlüssel, rechts Paulus. Oberhalb des Tores flankiert eine Verkündigungsszene das Wappen Julius Echters. Den Abschluss bilden die Figur Marias mit dem Jesuskind in der Begleitung Kilians mit dem Schwert (links) und des hl. Burkards, des ersten Würzburger Bischofs (rechts). Die 3,65 Meter dicken Mauern schützen die Gräber der 20 Bischöfe, deren Eingeweide

1867
Aufhebung der Festungseigenschaft, nur noch Kaserne
ab 1935
Restaurierungsarbeiten
16. März 1945
Schäden beim Bombenangriff
1946 – 1990
Wiederaufbau und Restaurierung der Festung Marienberg

Marienkirche und Bergfried

Die Festung, umgeben von einer dicken, schützenden Mauer

hier beigesetzt wurden. Ihre Körper wurden im Dom bestattet, ihre Herzen in Metallkapseln ins Kloster Ebrach gebracht. Die blau-weiße Innendekoration wurde in den Wappenfarben Julius Echters ausgeführt.

Über dem mehr als 100 Meter tiefen Brunnen an der rechten Seite der Marienkirche wurde um 1600 ein **Brunnenhaus** als Hofschmuck errichtet. Über dem Bau thront die Figur der Fortuna, die nicht nur als Glücksgöttin, sondern auch als Beschützerin der Wasserwege verehrt wurde. Das Brunnenhaus wurde erst 1937 freigelegt, nachdem es im Dreißigjährigen Krieg mit einer Schutzmauer umgeben wurde. Die Reliefs am Brunnenbecken zeigen drei Szenen mit Löwen: Daniel in der Löwengrube, Samson und Hieronymus je mit einem Löwen.

Hinter dem Brunnenhaus, parallel zum Main, erstreckt sich der **Fürstenbau**, z.T. aus dem 13. Jh., mit den ältesten bischöflichen Räumlichkeiten. Von den regen Ausbautätigkeiten sollen die des LORENZ VON BIBRA und des JULIUS ECHTER von Mespelbrunn erwähnt werden. Ersterer begann die mittelalterliche Burg zum Palast umzugestalten, z. B. fügte er die spätgotische Bibratreppe hinzu (s. Fürstenbaumuseum). Julius Echter ließ im Südflügel eine Bibliothek und eine Winterwohnung einrichten und veranlasste am Ostflügel den Bau des schönen **Renaissance-Erkers**. Nach dem Brand um 1600 ließ er den ganzen Nordflügel neu bauen und mit dem Westflügel (Zeughaus) den Hof abschließen. Unter ihm bekam die Burg das Aussehen eines Renaissanceschlosses mit rechteckigem Innenhof und Ecktürmen: Kilians-, Sonnen- und Marienturm, letzterer mit der vergoldeten Doppelmaria. Dieser wurde weniger aus Sicherheits- als aus symmetrischen Gründen erbaut. Im Sonnenturm oder Randersackerturm, 1308 – 1400 von den Würzburger Bürgern als Sühne erbaut, wurde TILMAN RIEMENSCHNEIDER nach der Niederlage des Bauernaufstandes 1525 gefangen gehalten. Der vierte Turm des Hofes wurde aus ungeklärten Gründen (wahrscheinlich wegen der verdeckten Stellung) nie ausgeführt.

Der fürstbischöfliche **Lustgarten** an der Ostseite des Fürstenbaus, schon im 16 Jh. erwähnt, wurde erst im 17. Jh. nach französischer Tradition symmetrisch angelegt. Der den Innenhof umgebende Mauerring mit den runden Bastionen wurde unter OTTO VON WOLFSKEEL (1333 – 1345) errichtet. Zuletzt wurde die Befestigung 1724 – 1728 durch den runden **Maschikuliturm** von BALTHASAR NEUMANN erweitert.

Die Festung beherbergt heute zwei Museen: Das **Fürstenbaumuseum** bietet einen Einblick in das Leben der Fürstbischöfe, zeigt nachgestellte Einrichtungen der Wohn- sowie Repräsentationsräume und ermöglicht die Besichtigung des

Der mit Rosen bepflanzte Lustgarten auf der Festung

Details im Mauerwerk der Festung

ältesten Teiles der Festung, des Fürstensaals. Besonders eindrucksvoll sind die beiden Stadtmodelle Würzburgs um 1525 und nach der Bombardierung 1945, sowie

die spätgotische **Bibra-Wendeltreppe** aus rotem Sandstein mit spielerisch gedrehten Säulen. Ein Stockwerk ist der Geschichte Würzburgs gewidmet, von der Ankunft der irischen Apostel bis zum Wiederaufbau.

Die Bauten des Greiffenclau-Hofes beherbergen seit 1947 das **Mainfränkische Museum**, das kunsthistorische und volkskundliche Abteilungen beinhaltet. Neben archäologischen Funden werden Gemälde, Skulpturen, Reliefs und kunstgewerbliche Gegenstände gezeigt. An Franken als Weinbaugebiet wird u.a. durch die nachgestellte Winzerstube aus dem 16. Jh. sowie durch die Kelterhalle erinnert. Als Hauptanziehungspunkt gilt aber immer noch die Riemenschneider-Sammlung, die u.a. die Madonnendarstellungen mit den typisch schräg gehauenen, mandelförmigen Augen, die Steinfiguren Adam und Evas sowie den Würzburger Ratstisch beinhaltet.

Stadtplan
C4

Schon im 12. Jh. verband ein steinerner Übergang, einer der ältesten Deutschlands, die Mainufer. Nach mehreren Zerstörungen durch Hochwasser wurden 1473–88 die heutigen Brückenpfeiler gebaut und eine neue Brücke errichtet. Die Bögen wurden erst im 16. Jh. eingezogen. Die zwei Brückentore, die zum Schutz und als Kontrollposten dienten, wurden im 18. / 19. Jh. abgerissen. Die zwölf Brückenheiligen kamen erst im 18. Jh. an ihre Plätze. Die heute durch Kopien ersetzten, 4,5 Meter hohen barocken Statuen wurden 1724–1732 von CLAUDE CURÉ für die Nordseite und von den Brüdern JOHANN SEBASTIAN und VOLKMAR BECKER für die Südseite geschaffen.

Im Norden (Blick Richtung Festung, rechts) stehen der fränkische König Pippin der Kurze, der hl. Friedrich (Herkunft und Status unklar), der hl. Joseph, der Brückenheilige Johannes Nepomuk, der italienische Kirchenerneuerer Karl Borro-mäus und Kaiser Karl der Große. Im Süden (links) stehen die Frankenapostel Totnan und Kilian, dann Maria als Patronin Frankens, der Frankenapostel Kolonat, der hl. Burkard als erster Bischof Würzburgs und der hl. Bruno.

Blick auf die Alte Mainbrücke mit ihren Heiligen-Statuen

AUGUSTINERKIRCHE

Dominikanerplatz 2

Telefon
0931 3097-0

Stadtplan
D3

Das Portal der Augustinerkirche

Die Augustinerkirche (Kloster gegründet um 1263) befand sich bis 1813 an der Stelle der heutigen Polizeidirektion in der Augustinerstraße.

Die Ordensgemeinschaft zog 1813 in das verlassene Dominikanerkloster um, das 1804 aufgehoben worden war.

Die Fassade, ein Spätwerk des Baumeisters Balthasar Neumann, entspricht in ihrer Schlichtheit den Leitideen des Bettelordens. Nur die Statue des Gemeinschaftsgründers, des hl. Augustinus, schmückt die geometrisch gegliederte Straßenseite. Aus der Erbauungszeit (1266 – 1308) blieb nur der gotische Chor und eine ihm angefügte Kapelle erhalten; das Langhaus wurde 1741 – 1744 von Neumann mit einer Erhöhung der Schiffe und Versetzung der Pfeiler so errichtet, dass ein hellerer und weiterer Raum entstehen konnte. Von der reichen Rokoko-Ausstattung der Kirche blieb nach 1945 wenig erhalten: die Stuckatur im Chor (Antonio Bossi, 1754 – 1755) und drei Altarbilder, darunter das Hochaltarbild von Nikolaus Treu, 1771, welches den, dank des Augustiner-Rosenkranzgebetes, errungenen Sieg 1571 über die türkische Flotte bei Lepanto darstellt.

BÜRGERSPITAL ZUM HEILIGEN GEIST

Der weite Komplex des Bürgerspitals mit seinen Pflegestätten geht auf die Gründung des Patriziers JOHANN VON STEREN (de Ariete) im Jahre 1316 zurück.

Der Widder und ein Teufel auf der Steintafel im Chor der Spitalkirche erinnern an die Gründerfamilie und an die wichtigen Zustifter (1340) RÜDIGER und WÖLFLIN TEUFEL. Aus der Gründungszeit blieb nur die 1371 geweihte **Hl. Geist-Kirche** erhalten mit einer bedeutenden Ausstattung, darunter die Kopien des Gnadenstuhl-Reliefs (um 1350) und eines Riemenschneider-Kruzifixes (um 1515 – 1520, Originale im Mainfränkischen Museum) sowie eine schöne Madonna (um 1425 – 1430). Versteckt hinter den Außengebäuden erstreckt sich der dreiflügelige **Rote-Bau** von ANDREAS MÜLLER (1717 – 1718), dessen Hof dem Weinfest als Kulisse dient. Eine weitere Attraktion ist seit 1956 das Glockenspiel, das um 11:00, 13:00, 15:00 und 17:00 Uhr Wallfahrer- und Winzerfiguren vor den Frankenaposteln vorbeiziehen lässt. Das Spital, das früher seinen Be-wohnern täglich ein Maß Wein (1,22 Liter) vorschrieb, besitzt einen der größten Holzfasskeller in Deutschland und bietet sein kostbares Elixier im Bocksbeutel oder Schoppenglas zum Verkosten an.

Theaterstraße 19

Glockenspiel
täglich 11, 13, 15, 17 Uhr

Telefon
0931 3503-0

Stadtplan
E3

Der Innenhof des Bürgerspitals

DEUTSCHHAUSKIRCHE

Zeller Straße / Schottenanger 2

Telefon
0931 4359-0

Stadtplan
B3

Antonio Petrini
* 1621 Italien; † 8. 4. 1701 Würzburg; fränkischer Baumeister italienischer Abstammung; führte den fränkischen Barock ein

Die vom Deutschen Ritterorden errichtete Kirche ist das erste gotische Gotteshaus in Würzburg.

Der Ritterorden zog 1219 in den Würzburger Hof FRIEDRICH BARBAROSSAS ein und ließ 1270 mit dem Kirchen- und 1285 mit dem **Konventsbau** beginnen (letzterer wurde 1694 von ANTONIO PETRINI barock umgebaut). Eine erste Kapelle (heute nicht zugänglich) wurde 1226 im Erdgeschoss des spätromanischen Turmes eingerichtet, dem 1270 – 1320 die gotische Kirche angefügt wurde. Hierbei mussten sich die Ritter verpflichten, den zum Schottenkloster führenden Weg nicht zu bebauen; so entstand der Durchgang unter der Empore, zwischen Turm und Kirche. Ein zart gegliedertes Spitzbogenportal, die **Schöne Pforte**, führt in den einschiffigen, kreuzgewölbten Kirchenraum. Eine Besonderheit sind die ornamentreichen Kapitelle und Konsolen, meisterhafte Leistungen gotischer Bauplastik, sowie die **Büßerzelle** mit Maueröffnung zum Durchblick auf den Altar mit Kreuzigungsgruppe (Heinz Schiestl, 1929 / 1930), der an Riemenschneiders Werke angelehnt ist.

Die Deutschhauskirche – das erste gotische Gotteshaus in Würzburg

Als prunkvollster Wohnbau der Stadt befindet sich das Falkenhaus am östlichen Abschluss der Marienkapelle, am oberen Marktplatz.

Die reiche Rokoko-Verzierung der Fassade brachte 1751 der Besitzerin des Gasthofs im »Haus zum Falken« acht Jahre Steuerfreiheit, die jedem zuerkannt wurde, der ein Haus »zur Zier der Stadt« errichten ließ. Das Gebäude, das seit 1338 Dompfarrerwohnung war, wurde 1612 zum Gasthof umgewandelt. Heute beherbergt es die Stadtbücherei, die Touristeninformation und das Mozartfest-Büro.

Marktplatz

Öffnungszeiten Tourist Information
Jan. bis März
Mo – Fr
10 – 16 Uhr,
Sa 10 – 13 Uhr;
April bis Dez.
Mo – Fr
10 – 18 Uhr,
Sa 10 – 14 Uhr;
Mai bis Okt.
So / Feiertag
10 – 14 Uhr

Telefon
0931 372398

Stadtplan
D3

Das Falkenhaus mit seiner reichen Rokoko-Verzierung

FRANZISKANERKIRCHE

Franziskaner-gasse 7

Telefon
0931 30901-0

Stadtplan
D5

Die Franziskanerkirche, von der hier eine Madonnen-Darstellung und der Eingang zum Hof zu sehen sind, beherbergt die Pietà von Tilman Riemenschneider

Schon zu Lebzeiten des HL. FRANZISKUS (1181 – 1226) gründeten die Franziskaner 1221 in Würzburg ihre erste Ordensniederlassung in Deutschland.

Der Bau der Kirche begann 1249, nach der Verlegung des Klosters innerhalb der Stadtmauer, neben die schon bestehende **Valentinuskapelle**, die in der Echterzeit umgestaltet wurde. Aus dem 13. Jh. verblieben der gotische Chor und der Ostflügel des nach und nach bis Ende des 14. Jh. errichteten **Kreuzganges**, eines der schönsten gotischen Denkmäler in Franken. Die schlichte Franziskanerkirche war jahrhundertelang Ruhestätte sowohl geistlicher als auch weltlicher Würdenträger. So birgt sie heute noch zahlreiche Grabdenkmäler, darunter die der Familien von HEINRICH (gest. 1589) und HANS (gest. 1581) ZOBEL von Giebelstadt.

Letzteres zeigt eine kunstgeschichtlich interessante Entwicklung: Während die Dargestellten des ersten Denkmals noch Christus anbeten (traditionell), wenden sich die der zweiten der Kirche zu und werden dadurch Teile der Gemeinde (Neuheit).

Zu den weiteren Schätzen der Franziskanerkirche zählen die spätgotische Schnitzfigur der Madonna (um 1475), die **Pietà** der Riemenschneider-Werkstatt (um 1515) und das **Renaissanceportal** des Klosters von MICHAEL KERN (1613).

In der Franziskanergasse wohnten auch die zwei berühmtesten Künstler Würzburgs: BALTHASAR NEUMANN (Franziskanergasse 2; von der Kanzel auf dem Dach soll er die Bauarbeiten an der Residenz kontrolliert haben) und TILMAN RIEMENSCHNEIDER (Franziskanergasse 1; sein Haus ist heute als Gaststätte eingerichtet).

Tilman Riemenschneider-Gedenktafel in der Sterngasse

JULIUSSPITAL

Julius-promenade 19

Telefon
0931 393-0

Stadtplan
D2

Das 1576 von Bischof JULIUS ECHTER von Mespelbrunn gegründete Pflege- und Pfründeheim gehört mit der Universität zu den immer noch aktiven Nachlässen aus der Echter-Zeit. Während das Juliusspital als Institution die Jahrhunderte überdauerte, musste der von Feuersbrünsten heimgesuchte Bau immer wieder erneuert werden. An Stelle der ersten Anlage (nach Plänen Georg Robins, 1576 – 1585) errichteten 1699 – 1714 ANTONIO PETRINI und JOSEPH GREISING den barocken Fürstenbau, dessen Renovierung 1745 – 1749 BALTHASAR NEUMANN übernahm. 1789 – 1793 wurde der Flügel zur Juliuspromenade nach Plänen von JOHANN PHILIPP GEIGEL klassizistisch neu erbaut.

Das Relief von HEINRICH NICKEL über dem **Haupttor** gedenkt der Gründung des Spitals »für Arme, Pesthafte und Kranke« durch Bischof Julius Echter, der stolz auf sein Bauwerk zeigt. Aus dieser Zeit, 1576, stammt die von HANS RODLEIN geschaffene »steinerne Urkunde« in der Tordurchfahrt des Fürstenbaus. Der rechts kniende Bischof betet zur hl. Dreifaltigkeit in der oberen linken Ecke und nimmt Kranke und Verletzte ungeachtet ihres Standes, sowie Waisen und Findelkinder gleichermaßen unter seinen Schutz. Eine Seltenheit des Spitals ist die im Original erhaltene barocke Ausstattung der Apotheke aus den Jahren 1760 – 1765. Zahlreiche, auch in der Residenz tätige Künstler trugen zur Ausstattung

JOHANN PHILIPP GEIGEL
* um 1730, † 9. 4. 1800; deutscher Baumeister am Übergang vom Barock zum Klassizismus; 1757 Hofbauamtmann in Würzburg; 1765 vom Würzburger Fürstbischof zum Hofkammerrat ernannt

Der Innenhof des Juliusspitals

Die Kirche des Juliusspitals

bei: Die Stuckatur schuf Antonio Bossi, das Gitter über dem Rezepturtisch Johann Georg Oegg, die Statuen über den Arzneischränken Johann Peter Wagner. Die Fresken stammen von Andreas Thalhaimer.

Die **Parkanlage** im Hinterhof entstand an Stelle des damals für ein Krankenhaus unentbehrlichen Kräutergartens und des botanischen Gartens. In der Mitte steht ein Springbrunnen (Jacob van der Auvera, 1706), der unter dem Greifvogel, dem Wappentier des Stifters Bischof Greiffenclau, die vier Allegorien der fränkischen Flüsse Main, Tauber, Sinn und Saale zeigt. Der barocke **Gartenpavillon** (Joseph Greising, 1710) diente als »Theater anatomicus«, als Hörsaal für die Medizinstudenten, heute werden hier Konzerte gegeben. Hinter dem Gartenpavillon befindet sich die **Zehntscheune**, in der die Zehntabgaben für den Bischof und das Stift gelagert wurden.

Die Erträge der spitaleigenen Weingüter werden in der 1882 eröffneten, stimmungsvollen Weinstube und im Weineck Julius Echter ausgeschenkt.

KÄPPELE

Nikolausberg / Leutfresserweg

Telefon
0931 7267-0

Stadtplan
B7

Die Wallfahrtskirche Käppele mit ihrer Doppelturmfassade ragt auf dem Nikolausberg am rechten Mainufer empor. Ihre Geschichte zeugt von einer tiefen Frömmigkeit und von der Hoffnung der Pilger, hier durch Gebet Heilung von Krankheiten und Hilfe in Not zu erhalten.

Die Wallfahrtskirche entstand über einem wundertätigen Vesperbild, das der Legende nach 1640 von dem Sohn eines Fischers hier aufgestellt wurde. Das Bild zog immer mehr Menschen auf den Berg, die für ihre Anliegen eine Lösung erbaten oder Stärkung im Glauben suchten. Die 1653 erbaute **Gnadenkapelle** musste innerhalb weniger Jahrzehnte dreimal vergrößert werden (1684, 1690 und 1713), bis endlich 1740 die Erweiterung durch einen neuen Raum beschlossen wurde. Die neue Kirche wurde 1748 / 1749 vom Würzburger Balthasar Trexler nach Plänen Balthasar Neumanns als westlicher Anschluss an die Gnadenkapelle erbaut. Die begrenzte Baufläche und der Entschluss, die alte Kapelle zu erhalten, brachten den Architekten dazu, mit der Tradition der nach Osten gerichteten Kirche zu brechen und den Chor nach Süden zu richten. Neumann griff die Idee der Zentralbauanlage mit Doppelturmfassade auf und entwickelte sie in den ineinander geführten Ovalräumen weiter. So entstand aus dem Aufeinandertreffen zweier Traditionen ein grandioser Raum mit kleeblattförmigem Grundriss. Diese

schwungvolle Architektur wird außen von einem wellenden, dem Innenraum nachgehenden Schieferdach gefolgt und gekrönt.

Während das Äußere der Kirche einheitlich erscheint, treffen im Inneren zwei Stilrichtungen aufeinander. Der Neumann-Bau erhielt bis 1752 eine reiche Rokoko-Dekoration (außer der klassizistischen Kanzel und dem Altar, 1799), in der die Grenzen zwischen Fresken (Matthäus Günther) und Stuckatur (Johann Michael Feichtmayr) oder Stuckatur und Gegenstand (z.B. Orgelprospekt) verwischen. Die Fresken zeigen die Geschichte der Wallfahrtskirche in den Nischen; im Kuppelfresko tritt die Patronin Maria in die Mitte der allegorischen Darstellungen. Die unruhigen Linien der Hauptkirche werden in der bis 1781 klassizistisch ausgestatteten Gnadenkapelle zur Ruhe gebracht. Fresken (Matthäus Günther, 1786) und Stuckatur (Materno Bossi), Tafelbild und Rahmen werden hier klar voneinander abgetrennt. Auf dem Gnadenaltar steht das viel verehrte Vesperbild von 1640.

Die Hoffnung auf Heilung oder die Danksagung materialisieren sich in den zahlreichen Weihegaben des **Mirakelgangs**. Ein **Stationsweg** mit 14 Statuengruppen JOHANN PETER WAGNERS (1765 – 1778) begleitet den Aufstieg zum Käppele und zum Kapuzinerkloster.

Das Käppele auf dem Nikolausberg

REUERERKIRCHE / KARMELITENKIRCHE

Sanderstraße 12

Telefon
0931 41793-0

Stadtplan
D6

Innenansicht der Reuererkirche / Karmelitenkirche

Die Unbeschuhten KARMELITEN, ein 1593 von Theresia von Avila und Johannes vom Kreuz gegründeter reformierter Zweig der Karmeliten, bezogen 1627 das aufgegebene Kloster der Reuerinnen.

Der Reuerinnenkonvent bot für ehemalige Prostituierte ein neues Zuhause, mit der Bedingung ihre Sünden zu bereuen und ihre Lebensführung zu ändern. Die neue Besiedlung zog den Neubau des Klosters (ab 1654) und der Kirche (1662 – 1669) nach Plänen von JOHANN BAPTIST VAN DER DRIESKEN und ANTONIO PETRINI nach sich. Petrini, der den Barock nach Franken brachte, schuf mit der Reuererkirche das erste Gotteshaus dieses Stils in Franken. Die Fassade mit den Gründerstatuen (Theresia von Avila links, Johannes vom Kreuz rechts) sowie der gesamte Innenraum wurden nach den Regeln des Ordens schlicht gehalten. Die heutige moderne Innenausstattung geht auf die Renovierung nach 1945 zurück. Sie wurde 1985 – 2000 von PAUL NAGEL entworfen und verwirklicht. Das 1996 – 1998 von Paul Nagel und ALAIN CREUNIER ausgeführte monumentale Wandbild im Chor zeigt die Himmelfahrt Marias unter Einbeziehung der Ordensgeschichte.

Theaterstraße 21

Öffnungszeiten Theaterkasse
Di – Fr ab 10 Uhr, Sa 10 – 14 und ab 17 Uhr, So / Feiertag ab 18 Uhr (montags geschlossen)

Telefon
0931 3908-0

Stadtplan
E3

Das Mainfranken Theater feierte 2004 sein 200-jähriges Bestehen

Das Gebäude des 1804 von Julius Graf von Soden gegründeten Theaters erhebt sich heute auf dem Gelände eines bis 1804 bestehenden Gartens einer Kartause und des 1853 – 1856 angelegten Alten Bahnhofs.

1966 zog das Ensemble ins heutige Haus ein, nachdem seine früheren Räumlichkeiten, im 1803 aufgehobenen Anna-Stift (an der Ecke Spiegelstraße-Theaterstraße), 1945 zerstört worden waren. Richard Wagner komponierte als Chordirektor des Theaters sein erstes Werk, »Die Feen«, in Würzburg. Sein Wohnhaus befindet sich in der Kapuzinerstraße 7 (s. Bürgerhäuser).

Stadtplan
C3-6

Die günstige Lage am Main war für die Stadt ein großes Privileg, erforderte aber gleichzeitig eine gut funktionierende Infrastruktur. So mussten Hebegeräte, eine Stadtwaage (heute abgerissen), Zollhäuser und Lagerräume angelegt werden.

An dieses rege Verkehrsleben erinnert u.a. der **Alte Kranen** am Mainkai, der (1772 von Franz Ignaz Michael Neumann, einem Sohn Balthasar Neumanns, errichtet) bis 1846 den Güterumschlag erheblich erleichterte. Das nebenan liegende **Zollhaus** dient heute als Weinlokal: *Haus des Frankenweins*. Ein Kettendampfer, der 1938 zum letzten Mal hinausfuhr, ankert am Oberen Mainkai, auf ihm ist das Restaurant *Mainkuh* eingerichtet.

Ab der Mitte des 19. Jh. entstand zwischen der heutigen Friedensbrücke und

der Brücke der Deutschen Einheit ein weiterer Hafen mit Zollhaus und Lagerhallen. Den ehemaligen Getreidespeicher (1904) gestaltete man 1996 – 2000 zu einem **Kulturspeicher** um. Er vereinigt zahlreiche künstlerische Einrichtungen in seinen Mauern, darunter das Museum für moderne Kunst (19. – 21. Jh., mit dem Bestand der ehem. Städtischen Galerie und der P. Carl-Ruppert-Sammlung der konkreten Kunst) sowie das Kabarett Bockshorn. In der Nähe befindet sich ein ehemaliger Lastkahn, der in das Kunstschiff **Arte Noah**, mit Wechselausstellungen, umgewandelt wurde.

Das Weinlokal »Haus des Frankenweins« am Mainkai

Der Mainkai mit dem Alten Kranen, im Hintergrund die Alte Mainbrücke

MARIENKAPELLE

Marktplatz

Stadtplan

D3

Die spätgotische Marienkapelle auf dem Marktplatz

Die Marienkapelle entstand als bürgerliches Pendant zu den von Geistlichen gestifteten Kirchen der Stadt, daher auch die Benennung »Kapelle«, d.h. ohne feste Gemeinde. Sie wurde 1377–1480 an der Stelle einer Synagoge errichtet, nachdem die jüdische Bevölkerung 1349 vertrieben worden war.

Der einheitlich gotische Bau, außen von hohen, schmalen Fenstern und filigranen Strebepfeilern strukturiert, steht unter dem Schutz der Jungfrau Maria. Ihre Bedeutung für das Christentum heben die drei Kirchenportale hervor. Das Tympanon des **Nordportals** zeigt eine für Deutschland einzigartige Variante der

Verkündigung und der Empfängnis: Aus dem Mund Gottvaters rutscht über den schlauchartigen Atem das Jesuskind ins Ohr Marias. Das Tympanon des **Südportals** zeigt die Krönung Marias im Himmel, begleitet von der hl. Barbara mit dem Kelch (links) und der hl. Katharina mit dem Rad (rechts). Die flankierenden Statuen Adams und Evas (Riemenschneider, 1491 – 1493, seit 1975 durch Kopien ersetzt, Originale im Mainfränkischen Museum) erinnern an die Anfänge der Menschheit, das Letzte Gericht am **Westportal** an ihr Ende. Der thronende Christus erscheint in der Begleitung der Fürbitter Maria und Johannes des Täufers. Die Seligen werden links von Petrus ins Paradies geführt, während die Verdammten, darunter Bischöfe, Könige und Ritter, vom Teufel in den Höllenrachen – merkwürdig der auf den Betrachter gerichtete Blick des Drachens – gezerrt werden. 1499 bekam Tilman Riemenschneider den Auftrag, Statuen Christi, Johannes des Täufers und der zwölf Apostel für die Marktseite der Kirche anzufertigen. Die Originale der 14 Werke, entstanden zwischen 1500 – 1506, befinden sich heute im Mainfränkischen Museum, im Dom und im Museum am Dom. Als gotischer Bau, und somit wenig für Wandmalereien geeignet, bietet die Kirche Entfaltungsmöglichkeiten für die fränkische Bildhauerkunst. Als bürgerliches Pendant zum Dom diente die Kapelle als Bestattungsort für Ratsherren, Ritter und Adlige. Neben den zahlreichen Familiengrabplatten des Langhauses seien die für KONRAD VON SCHAUMBERG rechts vom Westeingang (Riemenschneider, 1502 – 1504), eine der ersten Ritterdarstellungen ohne Kopfbedeckung, und die für MARTIN VON SEINSHEIM (gest. 1434), das älteste Grabmal der Kapelle, erwähnt. Die bekannteste der hier begrabenen Persönlichkeiten dürfte BALTHASAR NEUMANN sein (gest. 1753, bronzene Gedenktafel von Josef Amberg, 1971). Als Abschluss nimmt ein Tafelbild im Chor die Marienverehrung (anonymer fränkischer Künstler, 1514) mit Verkündigung, Geburt und Epiphanie wieder auf.

Adam und Eva-Statuen am Südportal

NEUBAUKIRCHE

Neubaustraße 9

Stadtplan
D5

Nach einem ersten, früh gescheiterten Versuch des Fürstbischofs Johann von Egloffstein 1402 eine Universität zu etablieren, gründete Fürstbischof Julius Echter 1582 zum zweiten Mal die Universität Würzburg. Die Universitätskirche wurde im Südflügel untergebracht und 1591 geweiht.

Gotik und Renaissance verflechten sich an den Außenmauern des vom Architekten Georg Robin geplanten und vom Baumeister Wolfgang Behringer ausgeführten Baus: Die gotische Rosette am Haupteingang und die Maßwerkfenster der Südseite fügen sich in die strengeren, durch Pfeiler geteilten Mauerflächen. Schon bald nach der Weihe musste die Kirche 1628–1631 restauriert werden. Ihr größter Umbau wurde nach dem Schwedischen Einfall von Antonio Petrini 1696 – 1703 unternommen, der die Strebepfeiler zu Pfeilern umbilden, das Schiff wölben und den barocken Turm auf ca. 78 Meter hochführen ließ. Die Kirche fiel 1803 der Säkularisation zum Opfer, wurde jedoch in der 2. Hälfte des 19. Jh. zu ihrer eigentlichen Aufgabe zurückgeführt. 1945 erlitt sie schwere Schäden, Innen- und Außengestaltung wurden zerstört. Der bis 1985 wieder hergestellte Saal erfüllt heute weltliche Zwecke: Er dient als Festaula der Universität und, seit 1987 mit einer Orgel versehen, als Konzertsaal. Besonders schön ist der Innenhof der früheren Universitätsanlage.

Das Portal der Neubaukirche

Johann von Egloffstein
† 22. 11. 1411,
1400 – 1411
Fürstbischof des Bistums Würzburg; Erstgründer der Universität Würzburg

RATHAUS UND GRAFENECKART

Rückermain-straße 2

Telefon
0931 372609

Stadtplan
C4

Das Rathaus mit seinem ältesten Teil, dem Grafen-eckart

Die Würzburger Bürger organisierten sich, um den fürstbischöflichen Forderungen Widerstand zu leisten, schon im 12. Jh. in einer Körperschaft. Dieser Rat erwarb 1316

Sonnenuhr am Grafeneckart

von Ritter Kuno von Rebstock den Bau Grafeneckart, benannt nach einem Schultheiß, Amtsträger im 12. Jh.

Der mit einem Turm versehene Grafeneckart dient seither als Rathaus. Als Sitzungssaal wurde der so genannte **Wenzel-Saal** genutzt, benannt nach dem hier bewirteten König Wenzel, der 1397 der Stadt die Reichsfreiheit verlieh, sie bald darauf aber zurücknahm. Der schöne spätromanische Saal mit den rundbögigen Fensternischen zeigt stellenweise heute noch Wanddekorationen, z.B. Wappen aus dem 14. Jh. In dem zweigeschossigen Bau wurde 1359 eine Ratskapelle geweiht, der vorher bis zur heutigen Uhr reichende Turm wurde 1453 in der Höhe verdoppelt, 1455 mit einem Uhrwerk und 1456 mit zwei Glocken versehen. 1544 wurden dem so genannten **Grünen Baum**, der an die germanische Tradition der Gerichtslinde anknüpft, der Renaissance-Erker hinzugefügt, und 1593 / 1594 zwei weitere Stockwerke.

An den Grünen Baum wurde 1659 / 1660 der **Rote Bau** mit einem Sitzungssaal angeschlossen, dessen Kassettendecke Wappen und Amtszeiten der Würzburger Bürgermeister zwischen 1660 und 1933 zeigt. Aus Raumnot wurde das Alte Rathaus erweitert: Durch den Ankauf (1822) des Karmelitenklosters im Norden und durch den Bau (1898 / 1899) des Westflügels erlangte der Gebäudekomplex seine heutigen Dimensionen. Im Neuen Rathaus befindet sich im 1. Stock, vor dem neuen Sitzungssaal, eine Kopie des Würzburger Ratstisches (Original im Mainfränkischen Museum), den Riemenschneider 1506 auf Bestellung schuf. Die runde Tischplatte aus Stein weist die Wappen des Stifters, Bischof Gabriel von Eyb aus Eichstätt, des Fürstbischofs Lorenz von Bibra und der Stadt auf. Das spätgotische Tischbein beweist die Meisterhaftigkeit des Künstlers auch bei der Ausführung profaner Aufgaben. Der neue **Sitzungssaal** erinnert durch sein, von Wolfgang Lenz geschaffenes Wandgemälde an die wechselhafte Geschichte der Stadt, angefangen mit der Ankunft fränkischer Herzöge bis in die Gegenwart.

Das ehemalige, bis zur Hälfte im Boden versunkene **Sandsteinportal** des Grafeneckart wurde zum Fenster umgebaut. Ein neues Portal führt heute links ins stimmungsvolle Wirtshaus im Ratskeller hinunter. Beide Portale bezeugen, wie das des Bürgerspitals, die Erhöhung des Straßenniveaus.

Der von Balthasar Neumann 1727 entworfene **Vierröhrenbrunnen** zwischen dem Rathaus und dem Haus am Hirsch ist eine Gemeinschaftsarbeit der Künstler Jacob van der Auvera und Johann Peter Wagner. Über dem Wasserbecken erheben sich die Allegorien der vier Kardinaltugenden: Fortitudo (Tapferkeit) mit Harnisch, Prudentia (Weisheit) mit Buch und Spiegel, Temperantia (Mäßigkeit), Wasser in ihren Wein gießend, und Justitia (Gerechtigkeit) mit Gerichtsstäben und Axt. Der Brunnen wird von der Figur der Frankonia gekrönt, die das Herzogsschwert und das Würzburger Rennfähnlein in der Hand hält.

Der Vierröhrenbrunnen zwischen Rathaus und Haus am Hirsch

DON-BOSCO-KIRCHE / SCHOTTENKIRCHE

Schottenanger 15

Telefon
0931 250910

Stadtplan
B3

Die Don-Bosco-Kirche, auch Schottenkirche genannt

Farbenprächtiger Altar in der Don-Bosco-Kirche

Das zweite Benediktiner-Kloster der iroschottischen Mönche in Deutschland (die Iren nannte man im Mittelalter auch »Scoti«) wurde 1134 auf Bitten des Regensburger Abtes Christian von Bischof Enrico gestiftet, um Pilgern und Mönchen Unterkunft zu bieten.

Das bis 1497 von irischen Mönchen bewohnte Kloster verwaiste 1547 und wurde 1595 von schottischen Mönchen wieder belebt. Nur die Osttürme und der gotische Chor der dreischiffigen Basilika überdauerten die rege Bautätigkeit u.a. Julius Echters und den Zweiten Weltkrieg. Sie wurden 1955 / 1956 von Albert Bosslet und Erwin van Aaken durch ein neues Langhaus ergänzt und 1956 als Don-Bosco-Kirche der Salesianer geweiht. Das neu erbaute Klostergebäude dient heute als Berufsbildungsstätte.

Einige historische Plätze auf dem Gelände des ehemaligen Klosters lassen die Vergangenheit erwachen. Am Schottenanger erinnert das **Hans-Böhm-Denkmal** an einen Vorboten des Bauernkriegs, der 1476 wegen seiner papst- und kaiserfeindlichen Predigten als Ketzer verbrannt wurde. Die hier angrenzende, in der Echterzeit errichtete Kornschütt diente eine Zeit lang als Gießerhaus der Werkstatt Ignaz Kopps, in der Balthasar Neumann 1711 als Gießergeselle begann.

i
Hans Böhm
genannter Pfeifer von Niklashausen bzw. Pfeiferhänslein, * um 1450 Helmstadt, † (hingerichtet) 19. 7. 1476 Würzburg; Hirte und Spielmann; Vorbote des Bauernkrieges

Burkarderstraße

Öffnungszeiten
Di – Do / Sa / So / Feiertag 11 – 18 Uhr, Fr 11 – 20 Uhr

Telefon
0931 44119

Stadtplan
B4

Das Spitäle – Galerie mit wechselnden Ausstellungen

Die am linken Ende der Alten Mainbrücke stehende Spitäle-Kirche »zu den vierzehn Nothelfern« war samt dem Hofspital (heute abgerissen) eine Stiftung von Johannes von Allendorf, des letzten Abts des Klosters und ersten Propstes des Ritterstiftes St. Burkard.

Die Pfründneranstalt entstand 1494 durch die Einbeziehung umliegender Häuser, unter anderem des Hofes zum Schecken, der den Namen Hofspital prägte. Als einzig erhaltener Bau der Anlage, dient die spätgotische Kirche mit klassizistischer Fassade heute als Ausstellungsraum der Vereinigung der Kunstschaffenden Unterfrankens.

ST. BURKARD

Burkarderstraße 40

Telefon
0931 42412

Stadtplan
B5

Das um 750 von Bischof Burkard gegründete Benediktiner-Kloster mit der zuerst dem HL. ANDREAS geweihten Kirche erhielt 986 nach der Überführung der Gebeine des Gründers seinen heutigen Namen.

Die im 11. Jh. vom Feuer zerstörte Anlage wurde 1033 – 1042 neu errichtet und in Anwesenheit Kaiser Heinrichs III. von Bischof Bruno geweiht. 1464 wandelte Abt JOHANNES VON ALLENDORF das Kloster in ein adliges Ritterstift um, dessen Leitung dann Umbauten im Ostteil vornahm: Das weit ausladende Querhaus und der Chor wurden unter Beachtung des Straßenverlaufs errichtet und die romanischen Türme aufgestockt. Im 16. Jh. wurde zuerst das Klostergebäude, im 17. Jh. auch der Westchor abgetragen.

Romanik und Gotik treffen hier nicht nur in der Architektur aufeinander (romanisches Langhaus und Vorhalle, gotisches Querhaus und Chor), sondern auch bei der Innenausstattung. Als ältestes Werk gilt das, heute als Opferstock verwendete, vier Reliefs zeigende Kapitell aus dem 13. Jh. in der Vierung. Aus dem 14. Jh. stammt das von einem Pelikan gekrönte Votivrelief mit

Marienaltar in St. Burkard

Blick von der Festung auf St. Burkard im Mainviertel

dem Thema der Kreuzigung. Der Pelikan versinnbildlicht im Volksglauben die Erlösung durch den Opfertod Christi. Die Gotik ist u.a. von der seit dem 19. Jh. farbig gefassten **Riemenschneider-Madonna** (um 1490) vertreten, einem Frühwerk des Meisters. Aus späteren Ausstattungen seien das Chorbogenkruzifix aus der Riemenschneider-Werkstatt (1520 – 1525), der alte Pfarrflügelaltar von Georg Meuer (1589), die barocken Altäre aus der Werkstatt um Jacob van der Auvera im Querhaus (1727–1730) und der neugotische Hochaltar von Franz Wilhelm Driesler und der Künstlerfamilie Schiestl (1896) erwähnt.

Durchschreitet man den Torbogen unterhalb des Kirchenchors, so gelangt man zu einem besonderen Gebäude der Stadt, einem schönen Beispiel der »architecture parlante«. Das ehemalige **Frauenzuchthaus** (Peter Speeth, 1809 / 1810), früher Kaserne der fürstbischöflichen Leibgarde, behielt bis heute seinen bedrohlichen Charakter. Das wuchtige Mauerwerk der Fassade wirkt abweisend, streng und einschüchternd (trotz der derzeitigen Nutzung als Jugendherberge und Jugendhaus).

ST. GERTRAUD

Pleicherkirch-platz 1

Telefon
0931 52708

Stadtplan
C2

Die 1133 erbaute Kapelle St. Gertraud

Die 1133 vom Mainbrückenmeister ENZELIN erbaute Kapelle bildete jahrhundertelang das Herz des Ortsteils Pleich.

Die 1612 unter JULIUS ECHTER nachgotisch neu erbaute Kirche wurde nach 1945 vereinfacht wieder hergestellt. Besondere Erwähnung verdient der Ölberg (17. Jh.) mit Würzburger Figuren aus dem 15. Jh. an der südlichen Außenwand. Die sich hier sternförmig treffenden Gassen erinnern ein wenig an den Charme des untergegangenen Alt-Würzburgs.

Domerschulstraße 18

Stadtplan
E5

Die erste Franziskanerniederlassung 1221 mit der Agneskapelle diente als Ausgangsbau für das 1561 von Bischof Friedrich von Wirsberg gegründete Gymnasium, dessen Leitung er dem Jesuitenorden übertrug.

1715 begann die Erweiterung des Jesuitenkollegs, 1765 der Neubau der Kirche. Die Pläne hierzu lieferten Johann Philipp Geigel und Johann Michael Fischer. So entstand die tonnengewölbte Kirche, nach dem Vorbild der Jesuitenkirche Il Gesù (Rom), durch die Verbindung des Zentralbaus und des Langhausschemas sowie den Ersatz der Seitenschiffe durch Kapellen. Die moderne Gestaltung des Kircheninneren erfolgte 1980–1995 durch Heinrich Gerhard Bücker, als zentrales Thema wählte er die Offenbarung des Johannes. So wird in der Apsis das Lamm Gottes im himmlischen Jerusalem unter den zwölf Stämmen Israels dargestellt. Unter der Decke des Langhauses schweben die vier apokalyptischen Reiter, die Engel mit den Posaunen, Michael mit dem Drachen kämpfend und in der Kuppel die 24 Ältesten.

Die tonnengewölbte Kirche St. Michael

ST. PETER UND PAUL

Peterplatz 8

Öffnungszeiten
täglich
9 – 17 Uhr

Telefon
0931 41793-0

Stadtplan
D5

Die Kirche St. Peter mit dekorativ reicher Fassade

Die barocke Kirche St. Peter und Paul »im Sand« entstand 1717 – 1720, nachdem Joseph Greising den Auftrag bekommen hatte, die mittelalterliche Pfarrkirche (um 1100 erbaut) unter Einbeziehung der romanischen Türme und des gotischen Chors umzugestalten.

Der Architekt erweiterte sie zu einer dreischiffigen Hallenkirche mit Emporen über den Seitenschiffen und errichtete gleichzeitig eine geometrisch gegliederte Fassade. In der nach 1945 restaurierten Kirche bekam die prächtige **Rokoko-Kanzel** (Johann Wolfgang van der Auwera und Antonio Bossi, 1740 – 1750), deren Plastik und Ornamentik rechtzeitig vor der Zerstörung des Kriegs gerettet werden konnten, eine besondere Rolle. Die Kirche birgt noch andere Kostbarkeiten, z.B. das silberne Kruzifix mit dem gekrönten Christus, 12. Jh., oder die Schutzmantelmadonna (1740, Jacob van der Auvera). Hier fanden einige Barockkünstler ihre letzte Ruhestätte, z.B. der Hofschmied Johann Georg Oegg (1703 – 1782), die Hofstuckateure Antonio (gest. 1764) und Materno Bossi (gest. 1802) sowie der Hofrat Philipp Adam Ulrich (gest. 1748), dem Franken den Kartoffelanbau verdankt.

Der **Petersbau**, rechts von der Kirche, wurde von Antonio Petrini als eine Erziehungsanstalt errichtet, später zogen hier Priester, die fürstbischöfliche Münze, und sogar eine Tabakfabrik ein. Heute ist er Sitz der Volkshochschule.

Stephanstraße / Wilhelm-Schwinn-Platz

Telefon
0931 56438

Stadtplan
E5

St. Stephan, eine der ältesten Kirchen Würzburgs

Die 1013 gegründete Kirche gehörte ursprünglich dem reich ausgestatteten Kollegiatstift St. Peter und Paul (Patronat 1108 der benachbarten Pfarrkirche übergeben), später dem Benediktinerkloster St. Stephan.

Seit der Säkularisation 1803 dient sie als erste Kirche der evangelischen Gemeinde der Stadt. Die als zu eng und dunkel geltende Kirche legte JOHANN PHILIPP GEIGEL 1788 / 1789 ganz neu frühklassizistisch an, die Stuckaturen wurden von MATERNO BOSSI (heute nur noch im Chor vorhanden) angebracht. Dieser Bau fiel jedoch 1945 samt der barocken Klostergebäude dem Krieg zum Opfer, nur die **Krypta** im Westen und die **Michaelskapelle** des 11. Jh. blieben erhalten. Die schlichte, helle Kirche wird heute von der Kreuzigungsgruppe des Müncheners HELMUT AMMAN im Chor dominiert.

STIFT HAUG

Bahnhofstraße / Textorstraße 16

Telefon
0931 54102

Stadtplan
E2

Die Vierungskuppel des Stift Haug

Die Geschichte des Stifts Haug reicht weit ins Mittelalter zurück. Schon um 1000 gründete Bischof Heinrich (996 – 1018) außerhalb der Stadtmauer, auf einem Hügel (mhd. »houc«) an der Stelle des heutigen Hauptbahnhofs, das Kanonikatstift hl. Johannes der Täufer und Johannes der Evangelist. 1657 musste die ummauerte Anlage jedoch abgerissen und der Hügel abgetragen werden, um die Erweiterung der Stadtbefestigung zu ermöglichen. Die Planung und die Ausführung einer neuen Stiftskirche an der jetzigen Stelle wurde 1670 dem italienischen Baumeister Antonio Petrini anvertraut, der hiermit die erste große Barockkirche in Franken schuf.

Der Architekt verband heimische Bautradition mit fremden Einflüssen. So entstand mit dem Stift Haug, geweiht 1691, eine neue Grundform durch das Kombinieren der Tradition des italienischen Zentralbaus mit der Langhausanlage, des Kuppelbaus mit der Doppelturmfassade. Diese besondere Architektur griff man bei der Restaurierung nach 1945 auf, indem man die Vierung unter der Kuppel durch die Errichtung des Hauptaltars ins Zentrum der liturgischen Feier rückte. Der Blick, dem der weiße Raum wenige Anhaltspunkte bietet, wird durch das Altarbild mit der Kreuzigungsszene von IACOPO TINTORETTO, 1585, angezogen. An die zentrale Idee des Kirchenbaus erinnert das Stifterdenkmal für Bischof Heinrich im Herzen der Kirche (Balthasar Esterbauer, 1706), an die materielle Ausführung die Wappen der fünf Bischöfe über dem Hauptportal. Die streng gegliederte Fassade schmücken die Statuen der 14 Nothelfer; über dem Haupteingang befindet sich die Statue des Kirchenpatrons, Johannes des Täufers (Johann Wolfgang van der Auwera, 1738 / 1739).

Unweit vom Stift Haug, auf dem Bahnhofsplatz, steht der 1895 von Prinzregent Luitpold als Danksagung gestiftete **Kiliansbrunnen**. Zwei Reliefs an der Säule weisen auf die Bedeutung des Fischfangs und des Weinbaus für die Stadt hin und werden von der Figur des der Stadt zugewandten Frankenapostels Kilian, mit segnendem Gestus, gekrönt.

IACOPO ROBUSTI TINTORETTO
*1518 Venedig, †31. 5. 1594 Venedig; italienischer Maler; zählt neben Tizian und Paolo Veronese zu den wichtigsten Malern des Cinquecento in Venedig

Der Kiliansbrunnen am Bahnhof

Blick zum Altar im Stift Haug

DOMHERRENHÖFE

Hof Rannenberg
Hofstraße 3

Hof Neulobdeburg
Hofstraße 10

Kurie Conti
Kardinal-Döpfner-Plaz 3

Kurie Seebach
Domerschulstraße 1

Kurie Heideck
Domerschulstraße 3

Stadtplan

D/E 4/5

Die sich sternförmig am Paradeplatz treffenden Gassen waren für Jahrhunderte das geistliche Zentrum der Stadt. Hier ließen die Domherren ihre Häuser errichten, während die Adligen und Bürger eher das Marktviertel mit der Pleich vorzogen.

Zu den Domherrenhöfen gehörten u.a. der **Hof Rannenberg** (ehem. Hof Bernoni; heute »Städtische Galerie«, Ausstellungsstücke seit 2001 im Kulturspeicher) mit klassizistischer Fassade und der **Hof Neulobdeburg** mit schönem Portal aus dem 17. Jh. Rege Bautätigkeit herrschte auch in der Herrenstraße und am Kardinal-Döpfner-Platz. Die **Kurie Conti**, seit 1817 Bischofssitz, wurde 1588 – 1609 für einen Neffen Julius Echters errichtet und stellt mit dem reich geschmückten Renaissance-Erker und Zwerchgiebel den schönsten Domherrenhof der Stadt dar. Zwei weitere Kurien, **Seebach** (mit Torhaus aus dem 13. / 14. Jh. und spätgotischer Kapelle im Hof) und **Heideck** (17. Jh.) sind heute Sitz der Theresienklinik.

Der Hof Rannenberg beherbergt heute die Städtische Galerie

Der Hof Conti dient seit 1817 als Bischofssitz

Während die Geistlichen ihre Palais hinter dem Dom errichten ließen, erbauten Adlige und Bürger am Marktplatz, hinter der Marienkapelle und am Main entlang ihre Häuser.

Am Oberen Marktplatz befinden sich das einstige Gasthaus zum Falken mit seiner reichen Rokoko-Dekoration (s. **Falkenhaus**) und das **Haus zum Schönen Eck** mit einem malerischen Renaissance-Erker aus der Echterzeit. Am Unteren Marktplatz (Nr. 14 – 16) errichtete Balthasar Neumann 1739 – 1741 ein Kauf- und Wohnhaus für sieben Kaufleute und ihre Knechte. An der Westseite des Platzes befindet sich der **Castell-Hof** (ehem. Gasthaus, seit 1774 Bank) mit einem schönen Volutengiebel und Eckerker. In seiner Nähe befindet sich das **Gasthaus »Zum Stachel«**, eine der ältesten Weinstuben Deutschlands (seit 1413 Gasthaus). Den Namen »Stachel« erhielt es während des Bauernkriegs, als die Aufständischen mit ihrem Anführer Florian Geyer hier Rat hielten und als Erkennungszeichen einen Morgenstern mit Eisenstacheln zum Fenster hinaushängten. Der Gasthof mit der geschichtsträchtigen Vergangenheit besitzt

Haus zum schönen Eck
Martinstraße 1

Castell-Hof
Marktplatz

Balthasar-Neumann-Haus
Franziskanergasse 2

Johann-Georg-Oegg-Haus
Kapuzinerstraße 3

Zobelsche Hof
Kapuzinerstraße 4

Richard-Wagner-Haus
Kapuzinerstraße 7

Mitten in der Einkaufspromenade: das Haus zum schönen Eck

Das Haus »Zum Stachel« ist eines der ältesten Gasthäuser Würzburgs

Georg-Oegg-Denkmal

immer noch einen der idyllischsten Innenhöfe und eine stimmungsvolle Inneneinrichtung (z.B. die Florian-Geyer-Stube).

Die auf den Residenzplatz mündende Kapuzinerstraße bot den in der Residenz oder im Theater tätigen Künstlern »Zuflucht«. So errichtete hier (heute Rotkreuzklinik) BALTHASAR NEUMANN 1723 sein Wohnhaus, das er später mit dem FREIHERRN VON HUTTEN gegen das in der Franziskanergasse tauschte (daher auch der Name **Huttenhof**), und den **Zobelschen Hof** (heute Seniorenheim), in dem 1794 die »Hueberspflege« (Stifter war der Stadtrat Adam Josef Hueber) für arme und dienstunfähige Mägde eingerichtet wurde. Das Relief BALTHASAR HEINRICH NICKELS über dem Portal stellt den Gründungsmoment dar. Die heutige Nr. 3 (Universitätsbauamt) entstand 1750 unter Einfluss Neumanns als Wohnhaus des Hofschmiedes JOHANN GEORG OEGG. Am Haus nebenan erinnert ein Täfelchen daran, dass RICHARD WAGNER 1833, während seiner Tätigkeit als Chordirektor am Theater, hier Unterkunft gefunden und sein erstes Bühnenwerk »Die Feen« komponiert hat.

RICHARD WAGNER
* 22. 5. 1813 Leipzig, † 13. 2. 1883 Venedig; Komponist; 1833 Chordirektor am Theater in Würzburg; 1843 Königlich-Sächsischer Hofkapellmeister in Dresden

Ehemaliges Wohnhaus von Richard Wagner

LANDESGARTENSCHAU-GELÄNDE

1990 kam die Landesgartenschau nach Würzburg und verwandelte das Gebiet nordwestlich der Festung in einen schönen Erholungspark.

Nicht nur ein **Rosengarten** lockt den Besucher an, sondern auch die Geschenke der Würzburger Partnerstädte Caen, Dundee und Otsu, die jeweils ein **Normannisches Haus**, einen wilden **Schottischen** und einen eleganten **Japanischen Garten** stifteten.

Eingang:
Dreikronenstraße / Friedensbrücke

Öffnungszeiten
Nov. bis März täglich 8 – 17 Uhr,
April bis Okt. täglich 8 – 21 Uhr

Stadtplan
A2-5

Das Landesgartenschaugelände lädt zu einem Spaziergang ein

FRANKENWARTE

Nikolausberg/ Spechtweg

Telefon
0931 80464-0

Der 42 Meter hohe, 1894 errichtete Aussichtsturm der Frankenwarte auf dem linksmainischen Nikolausberg lädt ein, sich ein zusammenhängendes Bild der Stadt zu verschaffen.

Bei schönem Wetter reicht der Blick sogar bis in den Spessart, die Rhön und den Steigerwald. Wenn die Zeit es erlaubt, bietet es sich an, von hier aus einen Spaziergang zu den Gaststätten *Schützenhof* und *Nikolaushof* zu unternehmen (Buslinie 35, ab Sanderring).

Von der 42 Meter hohen Frankenwarte bietet sich dem Besucher ein weiter Blick über Würzburg

Stein-Wein-Pfad (4 km) Beginn: Mittlerer Steinbergweg 5 am Weingut Knoll am Stein

Ringpark-Lehrpfad (18 km) um die Innenstadt

Die Lehrpfade durch die Weinberge bieten nicht nur Informationen rund um Wein sondern auch einen fantastischen Blick über die Stadt

Wer mehr über Rebsorten und Weinlagen erfahren und Natur mit Information verbinden möchte, der kann zwei Weinlehrpfade bewandern.

Der eine führt von der Alten Mainbrücke, über die Burkarderstraße zu den Weinlagen unterhalb der Festung, der andere – der **Stein-Wein-Pfad** – über die älteste Weinlage Deutschlands.

Ein weiterer Lehrpfad mit über 400 Baum- und Straucherarten führt durch den vom Schweden Jens Person Lindahl ab 1880 angelegten **Ringpark**, der die ganze Innenstadt umgibt und an die Stelle der alten Glacis-Wehranlage getreten ist. Einer der idyllischsten Teile ist das so genannte »Klein Nizza« hinter dem Residenzgarten.

VEITSHÖCHHEIM – SCHLOSS UND ROKOKOGARTEN

Echterstraße 10

Öffnungszeiten
April bis Okt.
Di – So
9 – 18 Uhr

Telefon
0931 91582

Das Veitshöchheimer Schloss mit seinem Rokokogarten

Das 1680–1682 erbaute fürstbischöfliche Sommerschloss wurde unter Fürstbischof KARL PHILIPP VON GREIFFENCLAU nach Plänen von BALTHASAR NEUMANN erweitert (die Plastiken lieferten Johann Peter Wagner und die Werkstatt Auweras) und mit einem repräsentativen Garten versehen.

Sein Nachfolger, ADAM FRIEDRICH VON SEINSHEIM (1755–1779), gab dem Garten seine heutige Form im Stil des Rokoko mit zahlreichen Figuren aus der Götterwelt, den Fabeln und weiteren Allegorien (hauptsächlich von Ferdinand Tietz), mit den intimen Heckenräumen, einem **Irrgarten** und einigen exotischen Häusern (gut erreichbar per Bus vom Busbahnhof oder per Schiff vom Alten Kranen).

Beim Spaziergang im Rokokogarten trifft man auf zahlreiche Statuen

Das im 12. Jh. gegründete Doppelkloster (für Männer und Frauen) der Prämonstratenser in Oberzell spaltete sich bald und so entstand ein Frauenkonvent in Unterzell.

Die barock ausgestattete romanische Basilika (12. Jh.) in Oberzell fiel samt der Klostergebäude (spät-

Das Kloster Oberzell in Zell am Main

barocker Abteiflügel, 1744–1760 von Balthasar Neumann und seinem Sohn Franz Ignaz erbaut) der Säkularisation zum Opfer. FRIEDRICH KOENIG und ANDREAS BAUER erwarben 1817 das **Kloster Oberzell** und richteten hier eine Fabrik für die Herstellung ihrer neuen Erfindung, der Zylinderdruckmaschine, ein. Seit 1901 ist der Konvent seiner ursprünglichen Bestimmung wieder übergeben.

Das **Kloster Unterzell** hatte eine unstete Geschichte. Nach Aufhebung im 16. Jh., Wiedereinrichtung im 17. Jh. wütete im 18. Jh. eine Hexenjagd im Konvent. 1749 wurde Schwester Renata Singer im Alter von 70 Jahren als letzte fränkische Hexe u.a. wegen Zauberei, Teufelsbündnis und Teilnahme an Hexenversammlungen zum Tod auf dem Scheiterhaufen verurteilt.

Kloster Unterzell – Telefon
0931 462799

Kloster Oberzell – Telefon
0931 4601-0

JOHANN FRIEDRICH GOTTLOB KOENIG
* 17. 4. 1774 Eisleben, † 17. 1. 1833 Oberzell; Buchdrucker; 1817 Gründung der Maschinenfabrik Koenig & Bauer; Erfindung der Zylinderdruckmaschine

St. Afra
Maidbronn

St. Peter und Paul
Herrngasse 12,
Rimpar

Die kleine Kirche **St. Afra** des ehem. Zisterzienserinnenklosters (gegr. 1232) in Maidbronn birgt eine der bewegendsten plastischen Darstellungen TILMAN RIEMENSCHNEIDERS.

Das um 1520 – 1525 geschaffene Steinrelief der Beweinung Christi ist eines seiner letzten Werke. Als frühestes gilt der Grabstein für EBERHARD VON GRUMBACH (1487) in der Pfarrkirche **St. Peter und Paul** in Rimpar.

Blick zur Kirche St. Peter und Paul in Rimpar

Das Riemenschneiderrelief »Beweinung Christi« in der Kirche St. Afra in Maidbronn

Anreise:
- **Autobahnabfahrten** Frankfurt-Nürnberg-München (A 3), Hannover-Kassel-Ulm (A 7) und Stuttgart-Würzburg (A 81)
- **fünf Bundesstraßen** (B 8, B 13, B 19, B 22, B 27) führen durch Würzburg
- **gute Zugverbindungen**, auch von den Flughäfen Nürnberg und Frankfurt

Zimmervermittlung :
- **Fremdenverkehrsamt,** Am Congress-Centrum, Tel. 0931 372335
- **Tourist Information** im Falkenhaus am Markt, Tel. 0931 372398
- **Hotel-Direkt,** Tel. 0800 1941408 (gebührenfrei)

Camping:
- **Campingplatz Kalte Quelle,** Winterhäuser-Str. 160, Würzburg-Heidingsfeld (7 km), Tel. 0931 65598, www.kalte-quelle.de
- **Campingplatz Strümper,** Maidbronner Str. 38, Estenfeld (ca. 6 km), Tel. 09305 228, www.camping-estenfeld.de
- **Wohnmobilstellplatz Parkhaus Alter Hafen** Freigelände Veitshöchheimer Str. 1, Tel. 0931 361408

Ausflüge:
- **im Südwesten zahlreiche malerische (Wein-) Orte am Main**: z.B. Randersacker, Eibelstadt, Sommerhausen, Frickenhausen, Ochsenfurt, Marktbreit, Sulzfeld
- **Romantische Straße ins Taubertal** (z.B. Bad Mergentheim, Weikersheim, Creglingen, Rothenburg o.d.T.)
- **»Bocksbeutelstraße«** durch das fränkische Weinland (Volkach, Escherndorf)

Clubs und Diskotheken:
- **Airport,** Gattingerstr. 17, Tel. 0931 23771, www.airlebnis.net
- **AKW!**, Frankfurter Str. 87, Tel. 0931 417800, www.akw-info.de
- **Boombastic**, Gerberstr. 14, Tel. 0931 571357
- **Club-Fiesta**, Schürerstr. 4, Tel. 0931 3535653, www.club-fiesta.de
- **das boot**, Veitshöchheimerstr. 14 (am Mainufer), Tel. 0931 59353, www.das-boot.com
- **Galerie**, Mainaustr. 50, Tel. 0931 4607701, www.clubgalerie.de
- **Labyrinth**, Beethovenstr. 3, Tel. 0931 16212, www.laby.de
- **Omnibus**, Theaterstr. 10, Tel. 0931 56121, www.omnibus-wuerzburg.de
- **Soundpark Ost**, Gattingerstr. 17, Tel. 0931 23080, www.soundpark-ost.net
- **studio**, Haugerpfarrgasse 7, Tel. 0931 4653020, www.studioclubbing.de

- **Tirili!**, Am Studentenhaus 1, Tel. 0931 8803662, www.tirili.de
- **Vivas**, Sanderstr. 7, Tel. 0931 16717
- **Zauberberg**, Veitshöchheimerstr. 20, Tel. 0931 3292680, www.zauberberg.info

Mit Blick auf Festung und Käppele lässt es sich in der Alten Mainmühle doppelt genießen

Essen und Trinken

Spezialitäten

In Würzburg kann man selbstverständlich zahlreiche fränkische Spezialitäten probieren: Fränkisches »Nationalgericht« sind Bratwürste mit Sauerkraut; Bratwürste, die in einem Wein-Essig-Sud mit Zwiebeln und Karotten erhitzt werden, heißen blaue Zipfel. Gerne macht der Franke »Brotzeit« und isst dazu Hausmacherwurst von Blutwürsten (»Knäudeli«) über Leberwürste bis zu rotem oder weißem Presssack. Zum Brot macht sich aber auch ein »Gerupfter« (angemachter Käse aus zerdrücktem Camembert mit Butter, Zwiebeln und Paprikapulver) gut. Eine Spezialität aus dem Main sind »Meefischli«, kleine, kaum fingerlange Rotaugen, die paniert gebacken und mit Kopf und Schwanz gegessen werden.

Gaststätten mit fränkischer Küche (Auswahl):

- **Alte Mainmühle**, Mainkai 3, Tel. 0931 16777, www.alte-mainmuehle.de
- **Backöfele**, Altfränkischer Gasthof, Ursulinergasse 3, Tel. 0931 59059, www.backoefele.de
- **Schiffbäuerin**, Fischspezialitäten, Katzengasse 7, Tel. 0931 42487, www.schiffbaeuerin.de
- **Marktbärbl**, Blasiusgasse 3, Tel. 0931 58056, www.marktbaerbl.de
- **Nikolaushof**, Spittelbergweg, Tel. 0931 797500, www.nikolaushof.org
- **Residenzgaststätten**, Residenzplatz 1, Tel. 0931 54670
- **Würzburger Ratskeller**, Langgasse 1, Tel. 0931 13021, www.ratskeller-wuerzburg.de
- **Zum Stachel**, Gressengasse 1, Tel. 0931 52770, www.weinhaus-stachel.de
- siehe auch Weinstuben, die meist auch eine gute Speisekarte bieten

Frankenwein

Die Tradition des Weinanbaus reicht in Franken bis ins 8. Jahrhundert zurück; Würzburg beherbergt drei der größten Weingüter: Staatlicher Hofkeller, Julius- und Bürgerspital. Bekannteste fränkische Weinbergslage ist der auf Muschelkalkgrund liegende Würzburger Stein, dessen Lagebezeichnung als die älteste in Deutschland gilt. Schon Goethe exportierte Steinwein nach Weimar. Die wichtigsten Rebsorten in Franken sind: Müller-Thurgau, Silvaner, Riesling, Scheurebe, Bacchus, Kerner; bei den nur in geringerem Umfang angebauten Rotweinen: Spätburgunder, Schwarzriesling, Portugieser und Domina.

Eine fränkische Besonderheit ist der Bocksbeutel, eine bauchige Weinflasche, die sogar als Markenzeichen geschützt ist. Frankenwein ist in der Regel trocken, das heißt, dass der Wein nur noch weniger als 4 Gramm natürlichen Restzucker pro Liter enthält. Am besten probieren lässt sich der Wein auf Weinproben bei den jeweiligen Weinkellereien oder auf Weinfesten. Seit dem 19. Jh. gibt es auch fränkischen Sekt, in Würzburg: Sektkellerei J. Oppmann, Martin-Luther-Str. 7, Tel. 0931 3557436. Im Herbst gibt es auch »Bremser« oder »Federweißen«, den jungen noch in Gärung begriffenen Wein.

Weinproben:

- **Bürgerspital-Weingut**, Theaterstr. 19, Tel. 0931 3503451
- **Fränkischer Weinbauverband**, Haus des Frankenweins, Kranenkai 1, Tel. 0931 3901111
- **Juliusspital-Weingut**, Klinikstr. 1, Tel. 0931 3931406
- **Staatlicher Hofkeller**, Residenzplatz 3, Tel. 0931 3050923
- **Weingut am Stein Ludwig Knoll**, Mittlerer Steinbergweg 5, Tel. 0931 25808

Weinstuben:

- **Bürgerspital zum Hl. Geist**, Theaterstr. 19, Tel. 0931 352880 www.buergerspital.de

Das Restaurant »Marktbärbl« bietet fränkische und saisonale Spezialitäten

Das Gasthaus »Zum Stachel« bietet kulinarische Leckerbissen und Althergebrachtes aus Franken

Typisch fränkisch: Der »Bocksbeutel«

- **Halbleib**, Kolpingstr. 9, Tel. 0931 51916, www.halbleib.de
- **Juliusspital**, Juliuspromenade 19, Tel. 0931 54080 www.juliusspital.de
- **Maulaffenbäck**, Maulhardgasse 9, Tel. 0931 52351, www.maulaffenbaeck.de (*»Bäcks« sind eine Würzburger Besonderheit, die ursprünglich aus der Mischung von Weinausschank und Bäckerei hervorgegangen sind.*)
- **Sandertorbäck**, Sanderstr. 18, Tel. 0931 13360
- **Sophienbäck**, Sophienstr. 6, Tel. 0931 7841259
- **Till Eulenspiegel** (auch Bierkeller), Sanderstr. 1 a, Tel. 0931 355840
- **Weinstein** im Weingut am Stein, Mittlerer Steinbergweg 5, Tel. 0931 25808 www.weingut-am-stein.de

Biergärten:

- **Am Alten Kranen**, Kranenkai 1, Tel. 0931 50130
- **Residenzgarten**, Residenzplatz 1, Tel. 0931 54670
- **Schützenhof**, Mainleitenweg 48, Tel. 0931 72422
- **Steinbachtalbäck**, Steinbachtal 64, Tel. 0931 72394
- **Sternbäck**, Sterngasse 2, Tel. 0931 54056
- **Talavera Schlössle**, Talavera, Tel. 0931 416999
- **Volksgarten**, Steinbachtal 60, Tel. 0931 9915888
- **Würzburger Hofbräukeller**, Höchberger Str. 28, Tel. 0931 41090

Den Volksgarten im Steinbachtal gibt es schon über 100 Jahre

- **Zaubergarten**, Veitshöchheimer Str. 20, Tel. 0931 3292680
- **Zollhaus**, Mergentheimer Str. 19, Tel. 0931 781223

Kneipen und Cafés:

- besonders gehäuft in der Sanderstraße, untere Juliuspromenade und Karmelitenstraße

Führungen / Fahrten:

- **Stadtführung**: Mitte März bis Oktober 10:30 Uhr, ab Falkenhaus (5 €; Dauer ca. 1,5 Std.)
- **Stadtrundfahrt**: werktags 14 Uhr, an Sonn- und Feiertagen 10:30 Uhr, ab Busbahnhof (8,90 €; Dauer ca. 2 Std.)
- **Rathausführung**: Mai bis Oktober samstags 11 Uhr, Treffpunkt: Rathaushof gegenüber Vierröhrenbrunnen (kostenlos)
- **Domführung**: Ostermontag bis Allerheiligen werktags 12:20 Uhr, an Sonn- und Feiertagen 12:30 Uhr, ab Menora-Leuchter (2,50 €; Dauer ca. 1 Std.)
- **Festung Marienberg**: April bis Oktober Dienstag bis Freitag 11, 14 und 15 Uhr, an Wochenenden und Feiertagen stündlich von 10 bis 16 Uhr (ausgenommen 12 Uhr), Treffpunkt: Kasse im Museumsladen (3 €; Dauer ca. 45 Min.)
- **Nachtwächter-Führung** durch die Altstadt: Februar und März Mittwoch

Der Sternbäck-Biergarten bietet mitten in der Innenstadt einen Platz zum Erfrischen

bis Samstag 20 Uhr, April bis Dezember Mittwoch bis Samstag 20 und 21 Uhr, Treffpunkt: Vierröhrenbrunnen gegenüber Rathaus (4 €; Dauer ca. 1 Std.)

- **Taxi City Tour**: Start und Ende der Fahrt an jedem beliebigen Ort im Stadtgebiet Würzburgs (1 Std. 50 €), Info / Anmeldung unter Tel. 0931 19410
- **Mainschifffahrt**: nach Veitshöchheim ab der Anlegestelle »Alter Kranen« (Schiffstouristik Kurth & Schiebe, Tel 0931 58573 oder Veitshöchheimer Personenschifffahrt, Tel. 0931 55633)
- **Buslinie 9** ab Juliuspromenade zur Festung (März bis Oktober), zum Käppele ganzjährig Buslinie 35 ab Sanderring

***Hotels** (Auswahl):*

- **Dorint Novotel**, Ludwigstraße, Tel. 0931 30540, www.dorint.com
- **Hotel Franziskaner**, Franziskanerplatz 2, Tel. 0931 35630, www.hotel-franziskaner.de
- **Hotel Grüner Baum**, Zeller Str. 35 / 37, Tel. 0931 450680, www.gruener-baum-wuerzburg.de
- **Hotel Rebstock**, Neubaustr. 7, Tel. 0931 30930, www.rebstock.com
- **Hotel Regina**, Haugerring 1, Tel. 0931 322390, www.hotel-regina-wuerzburg.de
- **Hotel Walfisch**, Am Pleidenturm 5, Tel. 0931 35200, www.hotel-walfisch.com
- Hotels online buchbar unter www.wuerzburg.de
- siehe auch: **Zimmervermittlung**

Internet:

- www.wuerzburg.de
- www.wuerzburg.com
- www.hallo-wuerzburg.de
- www.landkreis-wuerzburg.de
- www.frankentipps.de

Jugendherbergen:

- **DJH-Jugendherberge**, Burkarderstr. 44, Tel. 0931 42590, www.wuerzburg.jugendherberge.de
- **Jugendbegegnungshaus Windrad**, Berner Str. 27, Würzburg-Heuchelhof (7 km), Tel. 0931 663800, www.jugendhaus-windrad.de
- **Jugendbildungsstätte Unterfranken**, Berner Str. 14, Tel. 0931 60060400, www.jubi-unterfranken.de

Museen, Galerien und Sammlungen:

- **Botanischer Garten**: Julius-von-Sachs-Platz 4, Tel. 0931 8886240, www.bgw.uni-wuerzburg.de, Freigelände: April bis September 8 – 18 Uhr,

Oktober bis März 8 – 16 Uhr; Pflanzenschauhäuser: täglich bis 30 Min. vor Gartenschluss (Eintritt frei)
- **Domschatzmuseum**: Plattnerstraße, Tel. 0931 38665600, Dienstag bis Sonntag 14 – 17 Uhr (ca. 2 €, Kombikarte mit Museum am Dom 4,50 €)
- **Fürstenbaumuseum**: Festung Marienberg, Tel. 0931 3551750, April bis Oktober von Dienstag bis Sonntag 9 – 18 Uhr, November bis März geschlossen; Kassenschluss eine halbe Stunde vorher (4 €, Kombikarte mit Mainfränkischem Museum 5 €)
- **Galerie Spitäle**: Burkarderstraße, Tel. 0931 44119, Dienstag bis Donnerstag, Wochenende und Feiertage 11 – 18, Freitag 11 – 20 Uhr (Eintritt frei)
- **Kunstschiff Arte Noah**: Veitshöchheimer Str. 5 (im Alten Hafen), Tel. 0931 661046, www.kunstverein-wuerzburg.de, Mittwoch bis Samstag 15 – 18 Uhr, Sonntag 14 – 18 Uhr
- **Mainfränkisches Museum**: Festung Marienberg, Tel. 0931 205940, www.mainfraenkisches-museum.de, April bis Oktober von Dienstag bis Sonntag 10 – 17 Uhr, November bis März von Dienstag bis Sonntag 10 – 16 Uhr; Kassenschluss jeweils eine halbe Stunde vorher (3 €, Kombikarte mit Museum im Kulturspeicher 4 €)
- **Martin-von-Wagner Museum** der Universität: Residenzplatz 2, Eingang neben der Hofkirche, Tel. 0931 312288; *Gemäldegalerie*: Dienstag bis Samstag 9:30 12:30 Uhr; *Antikensammlung*: Dienstag bis Samstag 14 – 17 Uhr, Sonntag beide Abteilungen im Wechsel von 9:30 bis 13 Uhr;

Das Kunstschiff »Arte Noah«

Graphische Sammlung: Dienstag und Donnerstag 16 – 18 Uhr (Eintritt frei)
- **Mineralogisches Museum**: Universität am Hubland, Institut für Mineralogie, Tel. 0931 8885407 oder 8885421, www.mineralogie.uni-wuerzburg.de/museum, Mittwoch 14 – 16 Uhr, Sonntag 14 – 17 Uhr (Eintritt frei)
- **Museum am Dom**: Kiliansplatz, Tel. 0931 38665600, www.museum-am-dom.de, April bis Oktober von Dienstag bis Sonntag 10 – 18 Uhr, November bis März von Dienstag bis Sonntag 10 – 17 Uhr (3,50 €, Kombikarte mit Domschatzmuseum 4,50 €)
- **Museum im Kulturspeicher**: Veitshöchheimer Str. 5, Tel. 0931 322250, www.kulturspeicher.de, dienstags 13 – 18 Uhr, mittwochs 11 – 18 Uhr, donnerstags 11 – 19 Uhr, Freitag bis Sonntag 11 – 18 Uhr (3,50 €, Kombikarte mit dem Mainfränkischen Museum 4 €)
- **Residenz**: Schloss- und Gartenverwaltung, Residenzplatz 2, Tel. 0931 355170, www.residenz-wuerzburg.de, April bis Oktober täglich 9 – 18 Uhr, November bis März täglich 10 – 16 Uhr; Kassenschluss jeweils eine halbe Stunde vorher (5 €); Hofkirche zu den gleichen Zeiten geöffnet; Hofgarten täglich meist bis zum Einbruch der Dämmerung geöffnet
- **Röntgen-Gedächtnisstätte** (Laboratorium, Arbeitszimmer): Röntgenring 8, Tel. 0931 3511102, www.wilhelmconradroentgen.de, Montag bis Donnerstag 8 – 16 Uhr, Freitag 8 – 15 Uhr (Eintritt frei)

Direkt am Main liegt das Museum im Kulturspeicher

- **Schloss Veitshöchheim und Rokoko-Hofgarten**: Echterstr. 10, 97209 Veitshöchheim, Tel. 0931 91582, April bis Oktober Dienstag bis Sonntag 9 – 18 Uhr (3 €); Garten täglich bis zum Einbruch der Dämmerung frei zugänglich, Wasserspiele von April bis Ende Oktober täglich von 13 bis 17 Uhr zur vollen Stunde
- **Shalom Europa – Jüdisches Dokumentationszentrum**: Valentin-Becker-Str. 11, Tel. 0931 18275 und 373111, www.wuerzburg.de/stadtarchiv
- **Siebold-Museum**: Frankfurter Straße 87, Tel. 0931 413541, uploader.uni-wuerzburg.de/siebold-museum, Dienstag bis Freitag 15 – 17 Uhr, Wochenende 10 – 12 Uhr und 15 – 17 Uhr (ca. 3 €)

Parkplätze:

- **Großparkplätze**: Freifläche Friedensbrücke, Talavera, Congress-Parkplatz, Ludwigkai, Willy-Brandt-Kai
- **Zentrale Parkmöglichkeiten in der Innenstadt**: Residenzplatz, Marktgarage am Marktplatz, Parkhaus Wöhrl Plaza am Main, Parkhaus am Congress-Centrum, Parkhaus an der Alten Mainbrücke, Parkhaus am Bahnhof, Parkhaus am Theater, Parkhaus Mitte am Dominikanerplatz, Parkhaus am Alten Hafen, Juliusgarage an der Juliuspromenade, Kranengarage am Mainkai

Ein Parkleitsystem mit digitaler Anzeige gibt Auskunft über die aktuelle Anzahl freier Parkplätze

- **Einzelparkplätze** meist mit sehr beschränkter Parkdauer
- Angaben zur aktuellen Belegung der Parkplätze unter www.wuerzburg.de

Theater, Kabarett, Musik:

- **Bockshorn!** im Kulturspeicher, Veitshöchheimer Str. 5, Tel. 0931 4606066, www.bockshorn.de
- **Hobbit Puppentheater**, Münzstr. 1, Tel. 0931 59830, www.theater-hobbit.de
- **Kasperhaus** – Würzburger Kaspertheater, Julius-Echter-Str. 8, Würzburg-Heidingsfeld, Tel. 0931 3593494, www.kasperhaus.com
- **Kunstkeller Würzburg**, Röntgenring 4, Tel. 0931 3044941, www.kunstkeller-wuerzburg.de
- **Mainfranken Theater**, Theaterstr. 21, Tel. 0931 3908124, www.theaterwuerzburg.de
- **Omnibus**, Theaterstraße 10, Tel. 0931 56121, www.omnibus-wuerzburg.de
- **Theater am Neunerplatz**, Adelgundenweg 2 a, Tel. 0931 415443, www.theater-am-neunerplatz.de
- **Theater Augenblick**, Im Kreuz 1, Tel. 0931 2009016
- **Theater Chambinzky**, Valentin-Becker-Str. 2, Tel. 0931 51212 oder 51262, www.chambinzky.com
- **theater ensemble**, Frankfurter Str. 87, Tel. 0931 44545, www.theater-ensemble.net
- **Theater Spielberg**, Reiserstr. 7, Tel. 0931 26645, www.theater-spielberg.de
- **Werkstattbühne**, Rüdiger-Str. 4, Tel. 0931 59400, www.werkstatt-buehne.com

Veranstaltungen

Januar

- **Internationales Filmwochenende**, Filminitiative Würzburg e.V., Gostbertsteige 2, Tel. 0931 414098, www.filmwochenende-wuerzburg.de

März

- **Frühjahrsvolksfest** auf der Talavera (Ende März, Anfang April), Tel. 0931 372695

April

- **Würzburger Residenzlauf**, Müller-Reichart Veranstaltungs-GmbH in Kooperation mit der Stadt Würzburg, Virchowstr. 2, Tel. 0931 81004, www.residenzlauf.de

Mai

- **Würzburger Barockfeste**, Fränkischer Weinbauverband, Kranenkai 1, Tel. 0931 3901111
- **Africa Festival**, Afro-Project e.V., Kaiserstr. 16, Tel. 0931 15060, www.africafestival.org
- **Kulturtage im Weingut Juliusspital**, Juliuspromenade 19, Tel. 0931 3930, www.juliusspital.de
- **Würzburger Stadtmarathon** mit Marathonmesse entlang der Strecke, Stadtmarathon Würzburg e.V., An der Stadtmarter 38, 97228 Rottendorf, Tel. 09302 990417, www.wuerzburg-marathon.de
- **Würzburger Weindorf** (Ende Mai, Anfang Juni), Verein Würzburger Festwirte e.V., Virchowstr. 2, Tel. 0931 72857, www.weindorfwuerzburg.de

Juni

- **Mozartfest Würzburg** (in der Residenz), Oeggstr. 2, Tel. 0931 372336, www.mozartfest-wuerzburg.de
- **Umsonst & Draußen,** Festival, Umsonst & Draußen e.V., Untere Dorfstr. 1, 97270 Kist, Tel. 09306 9855748, www.umsonst-und-draussen.de
- **Bürgerspital-Hofschoppenfest**, Bürgerspital-Weinstuben, Theaterstr. 19, Tel. 0931 35030, www.buergerspital.de
- **Hofgarten-Weinfest** (Ende Juni, Anfang Juli), Staatlicher Hofkeller, Residenzplatz 3, Tel. 0931 3050923, www.hofkeller.de

Juli

- **Hoffest am Stein**, Weingut am Stein, Mittlerer Steinbergweg 5, Tel. 0931 25808, www.weingut-am-stein.de
- **Kiliani-Volksfest**, Müller-Reichart Veranstaltungs-GmbH, Virchowstr. 2, Tel. 0931 42497, www.kiliani-bierzelt.de
- **Weinfest auf der Festung Marienberg**, Staatlicher Hofkeller in Kooperation mit Radio Charivari, Residenzplatz 3, Tel. 0931 3050931, www.hofkeller.de

Weit über 100.000 Besucher kommen jedes Jahr zum Afrika-Festival nach Würzburg

Das Umsonst & Draußen Festival hält, was es verspricht

Spiel und Spaß für Groß und Klein gibt es jedes Jahr auf dem Kiliani-Volksfest

August

- **Ringparkfest**, Congress-Tourismus-Wirtschaft, Rathaus, Tel. 0931 372214
- **Historische Bürgermahlzeit**, Würzburger Ratskeller, Langgasse 1, Tel. 0931 13021

September

- **Weinparade am Dom** (Ende August, Anfang September), Müller-Reichart Veranstaltungs-GmbH, Virchowstr. 2, Tel. 0931 72857, www.weinparade.de
- **Straßenmusikfestival in der Innenstadt**, Stadt Würzburg in Kooperation mit Mainpop-Musikförderung, Tel. 0931 3534491
- **Stadtfest**, Förderkreis »Würzburg macht Spaß«, c/o Mara Michel, Semmelstraße 42, Tel. 0931 3536754, www.stadtfest-wuerzburg.de

Oktober

- **Würzburger Residenznacht**, Schloss- und Gartenverwaltung, Residenzplatz 2, Tel. 0931 355170
- **Literarischer Herbst** (Oktober bis Anfang Dezember), Stadtbücherei, Falkenhaus am Markt, Tel. 0931 372297
- **Allerheiligenmesse auf dem Marktplatz** (Ende Oktober bis Anfang November), Tel. 0931 372695, www.wuerzburger-markt.de

November

- **Würzburger Jazzfestival**, Jazzinitiative Würzburg e.V., c/o Dr. Jörg Meister, Klingenstr. 19, 97265 Hettstadt, Tel. 0931 462420, www.jazzini-wuerzburg.de
- **Würzburger Bachtage** (Ende November, Anfang Dezember), Johann-Sebastian-Bach-Gesellschaft Würzburg e.V., Hofstallstraße 5, Tel. 0931 3228480, www.bachtage-wuerzburg.de

Dezember

- **Würzburger Weihnachtsmarkt**, Stadt Würzburg, Rathaus, Tel. 0931 372695

IMPRESSUM / BILDNACHWEIS

Buchgestaltung:
SILBERWALD –
Agentur für visuelle Kommunikation, Würzburg,
www.silberwald.biz

Stadtplan:
SILBERWALD –
Agentur für visuelle Kommunikation, Würzburg,
www.silberwald.biz

Stadtbahn-Liniennetz:
WSB – Würzburger Straßenbahn GmbH

Repro:
SILBERWALD –
Agentur für visuelle Kommunikation, Würzburg,
www.silberwald.biz

Druck / Verarbeitung:
Werbedruck Schreckhase, Spangenberg,
www.schreckhase.de

Bildnachweis:
S. 7: Digitale Bibliothek, 5.000 Historische Stadtansichten
S. 11: Wikimedia Commons / www.wikimedia.com
S. 12, 84, 86, 87 unten, 94: Josef H. Röll, Dettelbach
S. 15, 41, 81, 88 oben: Melanie Zeuß, Dettelbach
S. 16/17 unten: Ernst Wrba, Wiesbaden
S. 19 – 23: Digitale Bibliothek, Die virtuelle Galerie
S. 93 oben: Afro-Project e.V.
S. 93 unten: Umsonst & Draußen e.V.
Umschlag hinten: Thomas Pieruschek / www.photocase.com
Alle anderen Fotos: Verlagshaus Würzburg

Beethovenstraße 5, 97080 Würzburg
www.verlagshaus.com

ISBN 978-3-8003-1929-9